Christoph Hein · Udo Schmidt

Reportage Burma/Myanmar

Christoph Hein · Udo Schmidt

Reportage Burma/Myanmar

Die Zukunft hat begonnen

Picus Verlag Wien

MIX
Papier aus verantwortungsvollen Quellen
FSC® C012536
FSC
www.fsc.org

Gedruckt nach der Richtlinie des
Österreichischen Umweltzeichens
„Druckerzeugnisse",
Druckerei Theiss GmbH, Nr. 869

Umfassend überarbeitete Neuausgabe 2016

Grafische Gestaltung: Dorothea Löcker, Wien
Umschlagabbildung: © Alison Wright/CORBIS
Druck und Verarbeitung:
Druckerei Theiss GmbH, St. Stefan im Lavanttal
ISBN 978-3-7117-1072-7

Informationen über das aktuelle Programm
des Picus Verlags und Veranstaltungen unter
www.picus.at

Inhalt

Vorwort

Goldene Pagoden neben Baukränen. Tropische Hitze, das Gedränge auf den Straßen, Lastenträger und Limousinen, und frühmorgens die Reihen bettelnder Mönche und Nonnen. Wer in Rangun ankommt, ist überwältigt, muss durchatmen, Luft holen, sich sammeln. Myanmar will entdeckt werden, braucht Zeit. Sich selber aber gönnt das Land keine Pause: Für den Wandel von der schlimmsten Militärdiktatur zur jüngsten Demokratie der Welt brauchte Myanmar nicht einmal fünf Jahre. Friedensnobelpreisträgerin Aung San Suu Kyi war dabei Hoffnungsträgerin und Strippenzieherin in einer Person. Seit April 2016 führt sie die Regierung.

Über Jahrhunderte war Myanmar, oder Burma, wie es in der englischsprachigen Welt immer noch genannt wird, Durchzugsgebiet für alle, die von Westen her tiefer nach Asien vordringen wollten. Die Briten beuteten seine Bodenschätze aus, die Japaner wollten es im Zweiten Weltkrieg als Brücke ins britische Kolonialreich Indien nutzen und brauchten sein Öl. Dann verlor es seine gerade gewonnene Freiheit und wurde über Jahrzehnte eine abgeschottete, menschenverachtende Militärdiktatur. Ihre Türen stieß der Exgeneral Thein Sein ab 2010 weiter auf, als viele erwartet hatten. Nun ist es an Aung San Suu Kyi, der im Land gottgleich verehrten Generalstochter und Widerstandskämpferin, die Zukunft ihres Landes zu gestalten.

Die Friedensnobelpreisträgerin hat eine Herkulesaufgabe zu bewältigen – Myanmar verfügt außerhalb seiner Metropole Rangun über fast keine moderne Infrastruktur, das Bildungssystem ist eine Katastrophe, die Korruption grassiert, es gibt zu wenige Jobs, und die, die es gibt, sind zu schlecht bezahlt. Alles muss sich ändern, und das möglichst sofort. Derweil steigen die Erwartungen an die Heilsbringerin Aung San Suu Kyi ins Unermessliche. Doch hat ihre Partei, die Nationale Liga für Demokratie, überhaupt eine Führungsmannschaft, die ein Land, das sie als Scherbenhaufen übernommen hat, wird aufbauen können?

An allen Ecken brennt es in diesem so friedlich erscheinenden Myanmar. Die Wirtschaft muss Chancen erhalten, das Verhältnis mit den Nachbarländern geordnet werden. Vor allem aber muss die Regierungschefin Einfluss auch auf die ethnisch-religiösen Konflikte im Land nehmen. Dass buddhistische Mönche Jagd auf Muslime machen, hat die Welt schockiert – und vorbei ist dieser gewalttätige Spuk noch lange nicht. Noch immer warten Zehntausende muslimische Rohingya im Westen Myanmars darauf, endlich flüchten zu können. Sie riskieren, auf der Andamanensee mit einem altersschwachen Kahn unterzugehen. Denn sie wollen nur weg aus Myanmar, das sie als Staatenlose in Lagern leiden lässt.

Myanmar ist ein Land der Gegensätze – die Geschäftsleute nutzen Laptops und tragen *Longyis*, den traditionellen Wickelrock für Frauen und Männer. Luxusautos drängen Lastenträger von der Straße. Während Bürotürme und Einkaufsmeilen aus dem Boden gestampft werden, wachsen auch die Slums neben den neuen Fabriken in Rangun. Ein gutes Drittel der Menschen muss sein Leben mit weniger als zwei Dollar am Tag fristen. Es fehlt an Trinkwasser, Strom, Schulen und Krankenhäusern. Diese schreiende Armut deuten Touristen als Ursprünglichkeit, als Idyll eines anderswo längst vergessenen, alten Asiens. Sie und die Spiritualität der Burmesen lassen Myanmar so pittoresk erscheinen.

Und nun ist dieses Myanmar eine Demokratie – wenn auch mit Einschränkungen. Die damalige Opposition konnte im Herbst 2015 unbedrängt Wahlkampf betreiben und über achtzig Prozent der zu vergebenden Mandate erringen, aber es waren eben nicht alle Parlamentssitze zu vergeben. Noch immer ist ein Viertel dem Militär vorbehalten. Echte Demokratie sieht anders aus. Die Abkehr von der Diktatur hat sich in einem Tempo vollzogen, das fast schwindlig macht, und sie ging in den ersten Jahren so gewaltfrei über die Bühne, dass man es in der derzeitigen Welt kaum glauben mag. Die Generäle hatten das Land abgewirtschaftet. Sie erkannten, dass ihnen nur die Öffnung nach Westen blieb. Denn sie alle haben auch Geschäftsinteressen, sie sind verbunden mit den *Cronies*, den ultrareichen Eliten, die Konglomerate in enger Abstimmung mit den Militärs führten. Eine Hand wusch die andere. Die Flucht nach vorn traf sich mit dem verzweifelten Drängen der bisher unterdrückten Opposition auf ein Ende der Leiden, den Aufbau einer Demokratie, mit Meinungsfreiheit und Teilnahme. Wieder öffnete sich ein Fenster in der von Wendungen und Überraschungen so stark geprägten Geschichte Myanmars.

Myanmar? Schon der Name des Landes sorgt für Debatten. Burma, Birma, Myanmar – wie heißt dieses Land eigentlich, das plötzlich für so viele Schlagzeilen sorgt? Burma, das ist der Name des britischen Kolonialreichs zwischen Bangladesch und Thailand. Von Burma zu sprechen hieß, sich in den vergangenen Jahrzehnten von der Junta zu distanzieren. Birma ist die Eindeutschung des britischen Burma. Der Begriff Myanmar findet sich schon in jahrhundertealten Schriftstücken. Das Wort bedeutet schlicht »burmesisch«, ist damit das Adjektiv für die ethnische Mehrheit im Land und seine Sprache. Die Generäle der ein halbes Jahrhundert währenden Militärdiktatur haben sich den Namen Myanmar angeeignet und das Land 1989 offiziell umgetauft. Längst aber spricht ein großer Teil der Bevölkerung Burmas von Myanmar. Selbst Aung San Suu Kyi nutzt den Namen Burma vor allem aus Gewohnheit, und ab und an Myanmar, so wie inzwischen alle internationalen Organisationen. Daher wird dieses wunderbare Land mit seinen gut fünfzig Millionen Einwohnern auch auf den folgenden Seiten Myanmar heißen. Ansonsten halten wir uns an die gebräuchlichsten Begriffe, wie Rangun anstatt des neuen Yangon, Irrawaddy anstelle des neuen Ayeyarwady.

Die Rätsel des Landes lassen sich nur Stück für

Stück im Gespräch mit den Menschen in Myanmar lösen. Man braucht Zeit für sie, braucht Interesse an Geschichte und Geschichten. Der sich aus Elend und Unterdrückung allmählich herausschälende Staat zerfällt in eine schmale, exorbitant reiche Oberschicht, die dem Militär nahesteht, eine kleine intellektuelle Mittelschicht mit wenig Kaufkraft und die große Masse der Menschen mit geringer Bildung, minimalem Einkommen und schlechten Perspektiven. Sie alle haben Geschichten zu erzählen, vom Jadebaron mit Villa am Stadtrand von Rangun über den kritischen Journalisten, der Jahre im Gefängnis vegetierte, bis hin zum Straßenhändler, der schlichte Textilien, günstige Zeitungen der Vorwoche oder einzelne Zigaretten verkauft. Sie alle sind Teil dieses Kaleidoskops Myanmar.

Viele sehen Myanmar inzwischen als das kommende Herz Asiens, in das zu investieren geradezu Pflicht jedes risikofreudigen Unternehmers sei. Zumindest geografisch stimmt das. Hier stoßen China, Indien und Südostasien aneinander. Seit Jahrhunderten zogen Mönche und Emissäre, Generäle und Händler, Prinzen und Samurai durch die Königreiche des alten Burma. Sie nutzten es als Brücke in die umliegenden Großmächte, hatten es aber auch auf Jade und Gold, Rauschgift und Rubine abgesehen.

So mancher derer, die nun mit großen Hoffnungen kommen, wird sich freilich die Finger verbrennen. Auch wenn sich die Tore endlich öffnen – einfach wird es nicht. Zwar kann man mittlerweile mit Kreditkarte zahlen und die früher allgegenwärtigen Dollar – immer schön glatt gebügelt – wurden von der lokalen Währung Kyat aus der ersten Reihe verdrängt. Doch ist Myanmar noch weit entfernt von einem Land, das angeschlossen ist an den internationalen Zahlungsverkehr und ausgestattet mit einer Rechtssicherheit, die es leicht macht, Verträge zu unterschreiben.

Derzeit jedoch stellt sich vor allem eine Frage im Land am Irrawaddy: Wer ist diese Aung San Suu Kyi, die Tochter des Unabhängigkeitshelden Aung San und inzwischen die eindeutige Führerin des Landes? Was genau will sie, was kann sie, und vor allem: Ist sie dem großen Erwartungsdruck gewachsen? Sie will Myanmar unabhängiger von internationalem Einfluss machen, braucht aber Investitionen, sie propagiert Rechtsstaatlichkeit, hat allerdings alles darangesetzt, die Verfassung des Landes schnellstmöglich zu ihren Gunsten zu ändern. Sie kämpft für Menschenrechte und äußert sich trotzdem nicht zur katastrophalen Lebenssituation der Rohingya, denen sämtliche Rechte verweigert werden.

Sicher ist bis jetzt nur, dass dieses Myanmar, das zu entdecken jede Mühe lohnt, Jahre brauchen wird, um Verpasstes nachzuholen und eine demokratische Zivilgesellschaft heranwachsen zu lassen. Die ehemaligen politischen Häftlinge, manche von ihnen jetzt Parlamentarier in der gespenstischen Hauptstadt Naypyidaw, büffeln abends die Grundzüge des demokratischen Gemeinwesens, sie haben unendlichen Nachholbedarf. Natürlich mag die junge Generation nicht länger warten – sie will ihre Chancen nutzen. Auf der Strecke aber könnte die Mehrheit der Menschen bleiben: die ungebildeten

Bauern, die Stämme im Norden des Landes, ungelernte Arbeiter. Und so mag auch der Übergang zu einer wirklich zivilen Regierung mehr Zeit in Anspruch nehmen, als die vielen Optimisten glauben, die derzeit den westlichen Blick auf Myanmar prägen. Noch zumindest besitzt das Militär viel Macht und hängt auch an ihr. Die Sperrminorität im Parlament, der Zugriff auf Schlüsselministerien, die Geldflüsse aus wichtigen Betrieben des Landes, ohne die Generäle geht auch nach den ersten demokratischen Wahlen 2015 nichts in Myanmar. Und manche tuscheln, die Generäle warteten nur darauf, dass Aung San Suu Kyi an der Herkulesaufgabe scheitern werde. Dann kämen sie zurück, als allmächtige, selbst ernannte Retter.

Das weiß auch Aung San Suu Kyi, der Ausgleich mit den früheren Machthabern, die sie über fünfzehn Jahre unter Hausarrest wegsperrten, ist eines ihrer wichtigsten Anliegen. Eine Herzensangelegenheit sicher nicht. Aber eine Notwendigkeit, die Grundvoraussetzung für den Wiederaufbau des einst reichsten Landes Südostasiens.

Die Reisenden, die sich das wunderbare Bagan erschließen oder am Inle-See träumen, merken von den Kämpfen hinter den Kulissen nicht viel. Seit Langem ist das mystische Myanmar mit seinen goldenen Stupas ein Traumziel für Touristen. Deutsche Hotelmanager rüsten ihre Häuser in Rangun, Bagan und Ngapali für einen Ansturm. Die mittlerweile Millionen Gäste werden verzaubert von eben jener Rückständigkeit, in die die Generäle das Land durch die Isolation gezwungen haben.

Heute kann man in Rangun mit Kreditkarte zahlen und einen Café au Lait bestellen. Das neue Myanmar und seine Menschen wissen genau, was sie an den Touristen haben. Lange waren sie die einzige Brücke in eine ferne, unerreichbare Welt hinter dem Stacheldrahtzaun, den die Generäle errichtet hatten. Nun sind sie willkommene Helfer, die den Menschen ein wenig Wohlstand bringen. Diese stellen sich darauf ein: Die Pferdekarren, die die Besucher über Jahre durch die Tempelfelder von Bagan fuhren, weichen Motorrädern mit Elektroantrieb. Dieses Buch ist weder Reiseführer noch Investitionsleitfaden. Es schildert Momentaufnahmen aus Zwischenzeiten, Zeiten des Umbruchs, der Ungewissheit. Es hält fest, wie sich das Fundament eines anderen, neuen Myanmar herausschält. Funktioniert das Experiment, könnte das Land wieder zu dem werden, was es einmal war: das Herz Asiens. Dann werden die Monate des Übergangs im kollektiven Gedächtnis der Burmesen als Aufbruch, als Neuanfang gespeichert bleiben. Sie können stolz auf ihn sein.

Mächtig allein

Die Lady ist fast am Ziel

Es ist der Donnerstag vor den für Myanmar so bedeutenden Wahlen. Aung San Suu Kyi, die Oppositionsführerin, der Kopf der Nationalen Liga für Demokratie, hat zur Pressekonferenz in den Garten ihres Hauses am Inya-See geladen. Draußen vor dem Tor des hübschen Kolonialgebäudes, in dem die Lady, wie sie liebevoll im Land genannt wird, fünfzehn Jahre Arrest verbracht hat, warten die Journalisten in langen Schlangen. Tage vorher musste man sich für diese Pressekonferenz anmelden, das Interesse der Weltpresse ist größer als die Kapazität des Gartens, so viel ist deutlich. Denn hier spricht die kommende Führerin Myanmars, die bald die Geschicke des Landes nach Jahrzehnten der abgeschotteten Diktatur lenken wird, auch wenn sie sich nicht Präsidentin nennen darf. Die von den Militärs geschriebene und immer noch gültige Verfassung von 2008 verbietet ihr das, da ihre Söhne britische Pässe besitzen. Hier äußert sich die kommende Staatschefin Myanmars, das ist bereits Tage vor der Wahl allen klar, auch wenn viele nicht ahnen, was für ein Erdrutschsieg der Nationalen Liga bevorsteht, ein Sieg, der die bisherige noch aus Militärs gebildete Regierung des Reformpräsidenten Thein Sein, eines früheren Generals, geradezu hinwegfegt.

Noch ist vielen nicht klar, wie groß die Verantwortung sein wird, die die Wähler damit Aung San Suu Kyi, der Demokratie-Ikone und Hoffnungsträgerin, auferlegen.

Man muss schon genau hinschauen, um dann die zarte, fast ätherische Frau mit der Blume im Haar zwischen all den Sicherheitsleuten zu entdecken, auf ihrem Weg zur Bühne. »Wir werden das Land in eine neue Zukunft führen«, erklärt die Kandidatin, dies ist noch eine der üblichen Wahlkampfaussagen. Doch dann kommt der Satz, der ihr lange nachhängt, und über den nachzudenken sich lohnt, will man Aung San Suu Kyi verstehen. Auf die Frage, welche Funktion sie in einer kommenden Regierung einnehmen werde, ob für sie vielleicht das Amt der Premierministerin geschaffen werde, donnert *Daw* Suu, wie sie im Land genannt wird, los und zeigt, welches Machtbewusstsein in ihr steckt: »Ich werde doch nicht Premier unter einem Präsidenten, ich werde über dem Präsidenten stehen.« Der damit nur noch eine Marionette Suu Kyis ist, das muss die damals Siebzigjährige nicht mehr eigens erwähnen. Inzwischen ist dieser Präsident in sein Amt eingeführt. Htin Kyaw wird von allen, auch seinen politischen Gegnern, in Myanmar geschätzt, er gilt als kluger und sehr ruhiger Mensch, vor allem aber als enger Vertrauter Aung San Suu Kyis. Eine freundliche Umschreibung der Tatsache, dass er faktisch das ausführende Organ Suu Kyis sein wird.

Der Satz »I will be not below the president, I'll be above« wird immer wieder zitiert und es gibt viele auch in der Nationalen Liga, ihrer Partei, denen dieser Satz Sorge bereitet. Die neue Regierung, so wagen es interne Kritiker vorsichtig zu erwähnen, sei angetreten als Regierung der Rechtsstaatlichkeit – Rule of Law, davon hänge alles ab, das hat Aung San Suu Kyi selbst immer wieder gepredigt. Wer diesen Glaubenssatz verkünde, könne nicht einfach eine Verfassung umgehen, auch wenn diese ungerecht und undemokratisch entstanden sei. Dies sei kein guter Anfang.

Aung San Suu Kyi jedoch geht es nicht um spitzfindige Analyse. Für sie geht es darum, ihr Lebensziel zu erreichen, jenes Ziel, dem sie zwanzig Jahre buchstäblich geopfert hat. Sie will ihr Land zur Demokratie formen – von Militärs geschriebene Verfassungen sind da nur zu vernachlässigende Staubkörner der Geschichte. Die Menschen in Myanmar verstehen diese Ansprüche ihrer Heldin. Die Verkäuferin Jo Liu Mah auf dem Markt von Suu Kyis Wahlkreis Khawmu etwa erhofft, endlich mehr Gemüse verkaufen zu können, wenn es allen besser gehe dank *Daw* Suu. Wer vor und auch nach den Wahlen in Rangun oder draußen auf dem Land die Wähler befragte, was denn nun besser werden müsse, der bekam fast immer diese eine Antwort: Aung San Suu Kyi werde das schon machen, sie wisse, was gut sei für Myanmar. *Daw* Suu ist Göttin!

Dass Aung San Suu Kyi verehrt wird, ist kein Wunder. Sie ist die Tochter von General Aung San, dem Unabhängigkeitshelden Myanmars, der 1947 ermordet wurde. Das alleine würde schon fast reichen. Aber vor allem hat sie selbst große Stärke, viel Mut sowie die Bereitschaft gezeigt, eigene Belange zurückzustecken. Als ihre Partei 1990 einen überwältigenden Wahlsieg errang, kassierten die Militärs das Ergebnis und stellten die Spitzenkandidatin unter Hausarrest. Dort blieb Suu Kyi, auch als ihr Mann Michael Aris in Großbritannien einer schweren Krankheit erlag.

Immer wieder hat sie sich für demokratische Reformen starkgemacht, trotz ihrer schwachen Position. Isoliert hinter verschlossenen Türen, gewann sie politisch an Gewicht. Alle Hoffnungen auf eine demokratische Öffnung Myanmars erhielten in diesen Jahren einen Namen: Aung San Suu Kyi.

»Wenn ich gefragt werde, warum ich immer wieder für Demokratie in Myanmar kämpfe, dann sage ich, dass ich überzeugt davon bin, dass demokratische Institutionen die Garantie für die Einhaltung der Menschenrechte bieten«, sagt Aung San Suu Kyi und sie ist davon tief im Inneren überzeugt. Nur ist manchmal unklar, was genau sie mit Demokratie meint. Innerparteiliche Mitbestimmung zum Beispiel versteht sie darunter nicht. Die Nationale Liga ist ein Suu-Kyi-Wahlverein mit unterentwickelten Strukturen und wenig Aufstiegsmöglichkeiten für motivierte junge Leute. Der erste große Parteitag der NLD seit Jahrzehnten im März 2013 war ein Fest der Sinne – und eine Enttäuschung. Die Vertreter der sogenannten ethnischen Minderheiten waren in ihren Landestrachten nach Rangun gekommen und feierten auf der Straße vor dem Parteitagszelt. Das Glück, überhaupt so einen Parteitag abhalten zu können, überstrahlte alles, auch die offensichtliche Erkenntnis, dass in diesen bunten Trachten fast ausschließlich alte Menschen steckten, Männer vor allem. Menschen, die von ihrer Heldin Suu Kyi dann während des Parteitags keine Debatten verlangten. Sie verlangten gar nichts, wählten eine zusätzliche Frau in das Exekutivkomitee und machten sich beseelt auf den Rückweg.

»Wir wissen manchmal auch nicht so genau, was sie eigentlich denkt«, sagt etwa der Komiker Zarganar, ehemaliger politischer Häftling und inzwischen im Myanmar der Reformen an vielen Strippen ziehend. Aung San Suu Kyi berät sich nur mit wenigen Vertrauten. Einer ist der frühere Parteichef U Tin Oo. Er verteidigt im Gespräch denn auch die Haltung Suu Kyis, sich nicht zum Schicksal der verfolgten Rohingya-Minderheit im Land zu äußern. Obwohl die Friedensnobelpreisträgerin doch die Kämpferin für Menschenrechte in ihrem Land ist – und auch sein muss – und die muslimischen Rohingya in Myanmar buchstäblich keinerlei Rechte genießen. »Sie will es sich nicht mit der buddhistischen Mehrheit verderben«, sagt U Tin Oo. Was bis zur Wahl noch als taktisches Manöver durchging, führt danach zur Erkenntnis, dass Suu Kyis Menschenrechte vielleicht doch nicht für alle gelten.

Der Glanz der jetzigen De-facto-Regierungschefin hatte nach 2012 schon einmal abgenommen, als Suu Kyi in einer Nachwahl ins Parlament katapultiert wurde und in den folgenden Monaten in die Fänge der Realpolitik geriet. Sie leitete Ausschüsse, die sich mit den Rechten von Bauern befassten, die gegen chinesische Minen aufbegehrten. Sie schloss Kompromisse, die zumindest diese Bauern nicht als gelungen betrachteten. Dann kam die Wahl 2015 und Aung San Suu Kyi überstrahlte wieder alles. Was für ein wunderschöner, friedlicher Übergang von einer beinharten Militärdiktatur zu einer westlich orientierten Demokratie, frohlockte das Ausland. Auch die begeisterten Anhänger der Nationalen Liga, die am Wahlabend vor der Parteizentrale in Rangun sangen und tanzten, fühlten das so. Nun aber folgt die oftmals pragmatische Tagespolitik. Wenn es etwa darum geht, Investitionen aus dem Ausland rechtlich abzusichern und gleichzeitig inländischen Unternehmen das Überleben zu ermöglichen. Oder darum, neue Arbeitsplätze zu schaffen, bei denen die Entlohnung über dem Billigmindestlohn liegt. Oder wenn die bildungshungrige junge Generation so schnell wie möglich Perspektiven an den Schulen und Universitäten Myanmars verlangt.

Aung San Suu Kyi als harte Verhandlungspartnerin ist gut vorstellbar, etwa im Hinterzimmergespräch mit den Militärs, als es darum ging, den Uniformierten das Versprechen abzunehmen, die Machtübergabe aus den Kasernen heraus zu beobachten und nicht zu intervenieren. Suu Kyi als strahlender, hoch respektierter Staatsgast an allen Orten der Welt ist ebenfalls ein leicht zu entwerfendes Bild. Die Friedensnobelpreisträgerin, Laptop und Akten unter dem Arm, auf dem Weg ins Büro, etwa in ihrem neuen Amt als Außenministerin – das passt noch nicht ganz. Und der regierenden Nationalen Liga fehlen erfahrene Kräfte, die ihr den Rücken stärken und die politische Fleißarbeit machen. Aung San Suu Kyi wird es also wieder richten müssen. Wenn sie es denn kann.

Glänzende Scherben

Warten auf den Goldrausch

Bis zur Brust steht Mg Khant in der Betonröhre. Eingegraben in den Torfboden dient diese als Becken, in dem über Nacht Kokosnussschalen einweichen. Mit einem aufgeschnittenen Wasserkanister schaufelt der Junge die braune Brühe der letzten Nacht aus der Röhre. Hemd und Turnhose sind seit Stunden durchweicht – immer wieder steigt er zurück in das Rohr.

Schaufelte Mg Khant kein Wasser, stünden hier die Räder still. Denn in der kleinen Fabrik für Seile aus Kokosfasern müssen die Nussschalen erst eingeweicht werden, dann die Fasern abgerieben, dann gezwirnt. Die Maschinen hier wurden aus Alteisen und Holzbohlen selbst gezimmert. Laufen sie, getrieben vom Dieselgenerator, bebt der Boden. »So machen wir fast fünf Kilometer Seil am Tag«, sagt Ko San Nawg, dem die Fabrik im Delta des Irrawaddy gehört. Die Kinder, die hier arbeiten, seien alle Verwandte. Und die Seile gingen ins ferne Rangun. So überlebe die Großfamilie.

Im Delta und in den Bergen Myanmars ist es hart, ein Auskommen zu finden. Seit die Militärregierung 2011 aber abdankte, galt das Armenhaus Asiens als das nächste Eldorado. Anfangs gab es kein Finanzsystem, kein Bankensystem, keine Geldautomaten, aber drei Wechselkurse. Ein Viertel des Haushalts steckten die Generäle in Waffen. Es gab keine funktionierende Zivilgesellschaft, kein Rechtssystem, keine Investitionssicherheit. Als aber die Soldaten von Demokratie sprachen, schwärmten Berater sofort von acht, vielleicht neun Prozent Wachstum über Jahre. Wenn Myanmar sich nur öffne.

Das tut es. Und hat in der Tat enorme Chancen: Noch unter der britischen Herrschaft war es das reichste Land Südostasiens, gesegnet mit Bodenschätzen und Kulturdenkmälern. Wer es regiert, hat schon aufgrund der geografischen Lage Macht – ein Keil zwischen Indien, China und Südostasien, mit einer langen Küste zum Golf von Bengalen. Mit seinen gut fünfzig Millionen Einwohnern ist Myanmar fast so groß wie sein Nachbar Thailand. Und mit Bodenschätzen wie Öl und Gas, Holz, Rubinen und Jade gesegnet.

Daraus etwas für die Menschen zu machen, ist Aung San Suu Kyi angetreten. Mit der neuen Regierung unter ihrer Führung soll und will sie das Land aufräumen, die Fehler der Generäle beheben, für Frieden und Wohlstand sorgen. Und dies möglichst über Nacht.

Die Menschen vergöttern sie. Doch auch die Investoren, die in Bangkok oder Singapur in den Startlöchern sitzen, um vom letzten Wirtschaftswunder Asiens zu profitieren, kommen an ihr nicht vorbei. Der Traum geht so: Die NLD-Regierung schafft Vertrauen, letzte Sanktionen der Amerikaner werden aufgehoben. Dann wird auf Teufel komm raus gebaut, Arbeitsplätze entstehen. Erst kommt die Bekleidungsindustrie, dann wird der Agrarsektor ausgebaut. Und schon entstehen blühende Landschaften am Irrawaddy.

Aber hat Ko San Nawg schon etwas gespürt? Hat der Wind des neuen Myanmar seine Seilfabrik im Dschungel schon umweht? »Nein«, sagt er. »Hier ist alles wie immer. Ich schere mich auch nicht um Politik.« Aber in Ta Maw We, dem nächsten Dorf, wo immerhin gut dreihundert Familien leben – ist dort Veränderung zu spüren? »Nein«, sagt der seit vierzig Jahren amtierende Dorfvorsteher U Tin Win. »Unsere Betonstraße und die Krankenstation haben noch die Militärs gebaut.« Und fügt an: »Wir wissen nicht, was nun kommt. Aber es sollte besser werden.«

Darauf hoffen alle in Myanmar, wo ein Viertel der Kleinkinder unterernährt ist, ein Drittel der Menschen unter der Armutsgrenze lebt. Als die Tochter von Diktator Than Shwe aber 2006 heiratete, trug sie Diamanten, die wie ein Schal um ihren Hals lagen. Inzwischen sprießen Hochhäuser und Einkaufspaläste im Zentrum Ranguns wie Bambus nach dem Monsunregen. Es wird schwer werden für Aung San Suu Kyi, sehr schwer. Zwar gibt es nun ausländische Banken und ein Investitionsgesetz. Ansonsten aber herrscht Wildwest. Ein deutscher Investor fragt nach »der Standardsoftware für die Buchhaltung in burmesischen Firmen«. Und bekommt von seinem lokalen Berater die trockene Antwort: »Software gibt es nicht. Die Buchhalter hier führen drei Bücher, je nachdem, wer Einblick verlangt.« Noch bohren Firmen nach

Belieben Brunnen, um kostenlos Wasser zu fördern. Der Grundwasserspiegel sinkt. Strom wird massiv subventioniert und kostet deshalb mit neun Cent pro Kilowattstunde einen Bruchteil des Preises in den Nachbarländern. Die Regierung müsste Subventionen streichen. Damit aber machte sie sich unbeliebt – die Falle klafft auf. »Während die *Cronies,* die Begünstigten der Militärregierung, ihr Geld mit Casinos und Bergwerken machten, bekamen ihre Kinder die Lizenz für ein kleines Dieselkraftwerk – sozusagen zum Spielen. Natürlich wollen sie es nun behalten«, sagt der Berater.

Thel Su Hlaing hat zum Spielen keine Zeit. Seit Anfang Oktober arbeitet die junge Frau in einer neuen Bekleidungsfabrik vor den Toren Ranguns. Heute kontrolliert sie über zehn Stunden täglich die Qualität von Sporthosen für Tchibo. Die Fabrik ist gut belüftet, hell, Feuerlöscher hängen an den Wänden. Die Arbeiterinnen werden mit Musik beschallt, damit sie weniger miteinander sprechen. Ihr Wunsch nach Kontakt aber ist das kleinste Problem. Schimmel ist ein größeres: Die feuchte Hitze hat zehntausend Jacken in einem Container für Europa von dem Pilz befallen lassen – ein Schaden von sechsundfünfzigtausend Euro. Auch gibt es in Myanmar keine Zulieferer. Vom Stoff bis zu den Knöpfen wird alles eingeführt. Auf den Pappkisten, in denen Tchibo seine Turnhosen nach Deutschland verschickt, steht »Shanghai Shenyuan Printing«. Gefertigt sind sie in China.

Denis Schaefer hat sich trotz solcher Herausforderungen auf das Abenteuer Myanmar eingelassen.

Für seine Familie führt er den Bekleidungshersteller Walton, der gemeinsam mit einem südkoreanischen Investor in einer blitzsauberen Fabrik mit gut fünfhundert Burmesen Daunenjacken für Europa herstellt. Schaefer zahlt hundertvierzig Dollar Lohn im Monat, obwohl der Mindestlohn für achtundfünfzig Stunden Arbeit in der Woche bei nur fünfundneunzig Dollar monatlich liegt. »Trotzdem wechseln die Leute direkt zur Fabrik nebenan, weil die noch mal fünfzig Prozent drauflegen«, sagt Schaefer. »Aber wir bekommen sofort neue Mitarbeiterinnen, die die Stellen übernehmen.« Die Produktivität in den Nähfabriken habe inzwischen fünfzig Prozent derjenigen Chinas erreicht. Dort aber liegt der Lohn bei mehr als dem Vierfachen. »Unsere Leute hier können schon richtig gut nähen. Am Umgang mit dem Stoff und der Arbeitsplatzgestaltung fehlt es noch«, sagt Schaefer. »In der Zukunft aber ist das hier für unsere Branche ein Superland.«

Die neuen Fabriken schaffen Arbeitsplätze, bringen Geld in Frauenhände. Das aber ist zugleich das Problem. Wer aus dem Süden nach Rangun hineinfährt, kommt an großen Werkhallen vorbei. Zwischen Straße und Bahnlinie erstrecken sich kilometerlange Slums. Die Menschen hier leben unter Palmdächern oder Plastikplanen, im Monsun schwimmen ihnen die Hütten weg. Quält sich das Taxi aber eine halbe Stunde weiter zehn Kilometer durch den Stau ins Zentrum, wachsen Büro- und Hoteltürme zwischen den verrotteten Kolonialpalästen in den Himmel. Im »Golden Valley« haben sich die Offiziere und ihre Helfer aus der Wirtschaft die Filetgrundstücke gesichert. Wohn- und Büroraum ist in den Boomjahren zum Spekulationsobjekt geworden. Hotels waren zum Bersten voll, weil Hilfsorganisationen und Berater ganze Flure anmieteten. Nun aber keimt die Sorge, dass die Neubauten zu potemkinschen Dörfern werden. Denn den Burmesen fehlt das Geld, dort zu mieten oder einzukaufen. Und die Ausländer werden auf sich warten lassen.

Niemand sagt es gern. Doch war den Investoren der klare Kurs des weißgewaschenen Generals Thein Sein, der das Land öffnete, lieber, als es die Unsicherheit unter Aung San Suu Kyi ist. Zumal sie selber Investoren vor leichtfertigem Optimismus warnte: »Legen Sie eine gesunde Skepsis an den Tag.«

So offen das Land sich neuerdings gibt, so schwierig bleibt es. Fast alles lässt sich mit Bakschisch lösen. Die Beamtenschaft ist auf Bestechungsgelder angewiesen, denn ihr Gehalt reicht nicht zum Leben. An der Kreuzung vor der Sule-Pagode hält ein Polizist auf seinem Motorrad vor einem Kollegen, der dort den Verkehr überwacht. Schnell wechselt ein aufgefalteter Tausend-Kyat-Schein die Hände – die Gebühr für die Kreuzung. Denn dort lässt sich für den Wachtmeister durch das Ausstellen von Strafzetteln über den Tag ein Vielfaches verdienen. Ein westlicher Manager blickt zurück: »Bei jedem Geldgeschäft haben wir zweihunderttausend Kyat (heute hundertfünfzig Euro) obendrauf gelegt. Und schon sind alle gesprungen wie die Katzen.« So ging es. Und so geht es.

Noch. Doch hat die NLD versprochen, das Land zu säubern. Trotzdem haben sechzig Prozent der Beamten Aung San Suu Kyi ihre Stimme gegeben. »Eigentlich haben sie damit ihren eigenen Untergang gewählt«, sagt der Mann. Auf der anderen Seite war ihr Wahlsieg klar, die Positionierung daher nur opportun. Klar aber waren auch die Folgen: »Jeder hier in der Verwaltung hat sich in den vergangenen Monaten noch mal so richtig die Taschen vollgestopft. Denn jeder fragt sich, wie lange das noch gehen wird.«

Möglicherweise länger als versprochen. Denn keine Regierung in Südostasien, mit Ausnahme Singapurs, ist bislang wirksam gegen die grassierende Korruption vorgegangen. Um Beamte ordentlich zu bezahlen, müsste die neue Regierung erst mal genug Geld einnehmen. Ein funktionierendes Steuersystem aber gibt es nicht. Und es fehlt ihr trotz aller internationalen Ratgeber an eigenen, erfahrenen Führungskräften. Sie besteht aus Idealisten, von denen viele über Jahre unter den Militärs in Haft oder Arbeitslagern vegetierten. Die Menschen sind hochmotiviert. Aber können sie eine Volkswirtschaft aufbauen?

»Gewonnen hat nicht die NLD, gewonnen hat Aung San Suu Kyi. Sie hätte mit jeder Partei gewonnen«, sagt der Geschäftsmann. Dank des Leidens ihrer Familie über Jahrzehnte, dank ihrer würdevollen Ausstrahlung, die freilich immer mehr ins Aristokratische gleitet, hält das Volk sie für eine Zauberin. Aber hat diese noch die Kraft, ihre Zaubersprüche wahr werden zu lassen?

»Die Menschen haben sehr, sehr hohe Erwartungen. Machen wir irgendwas falsch, werden ihre Hoffnungen zerstört«, warnt Han Tha Myint, der Vorsitzende des Wirtschaftsrats der NLD. Das Lastenheft ist lang. Die Regierung muss den Friedensprozess vorantreiben. Immer noch wird im Norden geschossen. Die Ethnien führen ihren Kampf für Selbstbestimmung weiter. Das Verhältnis mit dem einstigen Paten China will neu definiert werden. Die Gräben zwischen Buddhisten und der muslimischen Minderheit bleiben tief. In Luxushotels streiken die buddhistischen Kellner, wenn Muslime eingestellt werden. Ein reicher Burmese, der einer deutschen Hilfsorganisation unter die Arme greifen wollte, machte auf dem Absatz kehrt, als er hörte, dass sie sich auch für die muslimischen Rohingya engagiert.

Wunden klaffen allerorten. Zeit zum Heilen bleibt nicht. Die abziehenden Generäle hinterlassen Aung San Suu Kyi ein geplündertes Land, einen Scherbenhaufen. Dabei haben sie die größten Scherben noch selber aufgelesen. Am Ende ging es den Strategen nicht um den schieren Machterhalt – denn sie wussten, dass sie Myanmar abgewirtschaftet hatten. Sie wollten sich und ihre Pfründe in Sicherheit bringen. Verabschiedet haben sich die Generäle dann mit einer riesigen Erfolgsgeschichte: Sie haben den Telekommunikationsmarkt geöffnet. Vor drei Jahren kostete eine SIM-Karte in Rangun noch tausend Dollar. Heute gibt es sie wie überall für drei Dollar. Selbst diesen Erfolg kann sich die NLD also nicht auf ihre Fahnen schreiben. Das

Sagen in den Staatsbetrieben aber behalten die gewandelten Offiziere und ihre Spießgesellen aus der Wirtschaft, um die Hand auf der Grundversorgung zu behalten. »Die Schlange kann sich häuten. Doch sie bleibt Schlange«, sagt der von ihnen gefolterte Kabarettist Lu Maw mit Blick auf die gewandelten Generäle. Jeder im Rangun dieser Tage tuschelt, es gebe immerhin das Risiko, dass das Militär Aung San Suu Kyi zwei, drei Jahre chancenlos arbeiten lasse, damit das Volk dann genug von ihren Versuchen habe. Dann würden die Generäle, wie im benachbarten Thailand, als willkommene Retter das Ruder wieder übernehmen.

»Ausgeschlossen ist das sicher nicht. Wir haben unsere Ziele für ein neues Myanmar noch lange nicht erreicht«, sagt Ko Myo Thwin. Der Ingenieur ist das Sinnbild der leuchtenden Zukunft. »Jeder hier weiß, dass sich die alten Machthaber alles unter den Nagel gerissen haben.« Der Sohn eines kleinen Beamten, dessen Frau Gemüse verkaufte, verließ das Rangun der Militärs, um sich im reichen Stadtstaat Singapur ein besseres Leben aufzubauen. Zuletzt arbeitete er dort für den deutschen Chemiekonzern Lanxess. »2014 hatte ich aber das Gefühl, ich muss zurück, meinem Land beim Aufbau helfen«, sagt der Sechsunddreißigjährige. »Aber ich wagte nicht gleich, mit beiden Füßen zu springen.« Also ließ er Frau und Kinder in Singapur zurück. »Ich wollte den Zug nicht verpassen. Ich bin kein Parteimitglied. Aber wer soll denn beim Aufbau unseres Landes helfen, wenn nicht wir?« Dass Ko Myo Thwin mit seinem Job in einem Kraftwerk der japanischen Max Power zunächst ein Fünftel weniger verdiente als in Singapur, störte ihn nicht. »Am Boden hat sich noch nicht viel getan«, sagt er. »Aber das ganze Land brummt vor Hoffnung und Erwartung.« Da ist sie wieder: die Erwartung an die Regierung, die Partei, die Ikone – an Aung San Suu Kyi.

Das Grundvertrauen, das die Menschen in ihre Heilige haben, ist enorm. Aber jeder, der Asiens Aufstieg der vergangenen Jahre beobachtet hat, warnt, sie werde die Erwartungen nicht erfüllen können. »In Monaten soll sie das ganze Land vom Kopf auf die Füße stellen. Das würde niemand können. Die Enttäuschung ist doch vorprogrammiert«, sagt der deutsche Manager. »Das sind Träume. Aber Aung San Suu Kyi ist nun in der Wirklichkeit gelandet. Und da geht es um schmutzige Kompromisse.« Dann fügt er an: »Die Lady wird sich selbst entzaubern. Alles eine Frage der Zeit.«

Ein halbes Jahrhundert haben die Menschen gewartet. Nun ist ihre Heldin an der Macht. Ko Myo Thwin will sie unterstützen, nach Feiern aber ist ihm nicht zumute: »Wir hoffen alle so sehr. Aber wahrscheinlich werden wir erst eine zweite Generation brauchen, bis sich die Demokratie und der Aufschwung in Myanmar festigen.« Mg Khant wird in der Seilfabrik im Dschungel noch oft in die Röhre mit der braunen Brühe springen müssen. Das neue, das bessere Myanmar hat ihn noch lange nicht erreicht.

Nicht mehr weise

Die Mönche geraten auf Abwege

Gebet in einer Ruine. Die islamische Gemeinde von Kyot Pint Kaunt, einer Kleinstadt zweihundert Kilometer westlich von Rangun, hat sich fast trotzig in den Überresten ihrer Moschee eingefunden. Die Gemeindemitglieder wollen weitermachen, sich nicht vertreiben lassen. Wie genau es aber weitergehen soll, das wissen sie im Moment noch nicht, sagt U Min Swe, der Imam der grünen Moschee an der Hauptstraße, deren Minarette noch stehen, deren Schulräume aber vollkommen zerstört sind.

Buddhistische Mönche, Mitglieder der radikalen Gruppe 969, hatten die Moschee nachts überfallen, erzählt U Min Swe und berichten aufgeregt alle Mitglieder der Gemeinde. Rund hundert Menschen drangen auf das Gelände, mit einem Bulldozer rissen sie Teile des Gebetshauses ein. Eine gezielte Aktion aggressiver Buddhisten gegen die islamische Minderheit war das, keine spontane Affekthandlung, da sind sich alle in der Moschee einig. Woher sollte sonst der Bulldozer stammen?

Myanmar steht vor einem Problem, das jahrzehntelang unter der Oberfläche schlummerte: der Aggression zwischen den Religionsgemeinschaften im Land. »Vorhanden waren diese Spannungen schon immer«, sagt Mya Aye, Muslim und Führungsmitglied der Oppositionsgruppe 88 Students Generation Group. Er erinnert sich an ständige Auseinandersetzungen selbst in den Jahrzehnten des Militärregimes. Die Muslime in Myanmar hätten immer unter Druck gestanden, sagt Mya Aye.

Chit Swe kann das bestätigen. Er ist zwar erst fünfundzwanzig, aber er hat schon einiges erlebt. Er hat ein Medizinstudium absolviert und kurz als Arzt gearbeitet, dann den weißen Kittel ausgezogen und als Journalist beim oppositionellen Wochenblatt *The Sun* in Myanmars Metropole Rangun angeheuert. Chit Swe ist Muslim, das ist auch der Grund, warum er mit dem Arztberuf nicht glücklich wurde. Er habe in Mandalay praktiziert, erzählt der junge Mann, dort, wo die Gruppe 969 besonders stark ist. Die buddhistischen Patienten ließen keine Hausbesuche des gut ausgebildeten Mediziners zu. Sie wollten keinen muslimischen Arzt in ihrer Wohnung.

Die muslimische Gemeinde von Kyot Pint Kaunt will nicht aufgeben. »Wir bleiben«, erklärt U Tin Win, der die Geschäfte der Moschee führt. »Wohin sollen wir auch gehen? Die feindselige Stimmung herrscht derzeit überall im Land.« U Tin Win blättert in einem Fotoalbum. Bilder von demolierten Autos aus der Nachbarschaft sind eingeklebt, auf die Motorhauben ist die Zahlenkombination 969 gesprüht, daneben Fotos der zerstörten Klassenzimmer der Moschee. Die radikalen buddhistischen Mönche dieser Gruppe, die Hass gegen Muslime in Myanmar predigen, haben ihre Zeichen hinterlassen.

Ermittlungen gegen die Täter gibt es keine in Kyot Pint Kaunt, das Interesse der Regierung, Buddhisten für die Gewalttat verantwortlich zu machen, ist gering. Das Bestreben, Berichterstattung über die Vorfälle in der Kleinstadt zu verhindern, ist deutlich größer. Sicherheitskräfte tauchen in der Moschee auf, während wir die Interviews führen, und brechen diese ab. Keine Gespräche mehr mit den Muslimen in ihrer Moschee, schon gar keine Fragen an die buddhistische Mehrheit der Kleinstadt, lautet die Anweisung.

U Min Swe, dem Imam, bleibt nur noch, zum Abschied seine Angst auszudrücken. »Wir sind sehr vorsichtig geworden«, erklärt er, während er uns durch die Trümmer, die einmal die Vorderfassade der Moschee bildeten, nach draußen geleitet. »Immer wenn wir irgendetwas hören, gerade nachts, schrecken wir auf.«

Einer der bekanntesten Mönche in Myanmars Metropole Rangun ist Ba Da Na Paung Maw Kah. Sein Rat ist häufig gefragt. Der Vorsteher des Magwe-Pa-Yi-Ya-Thi-Klosters weiß das und verhält sich entsprechend selbstbewusst. »Die Gewalt der Vergangenheit ist ausschließlich von den Muslimen im Land ausgegangen«, erklärt er donnernd. »Daran ist eine Gruppe islamischer Extremisten schuld, die die Vorherrschaft im Land anstreben und den Buddhismus bedrohen.« Dies ist, in wenigen Worten, das Weltbild, das hinter der radikalen Gruppe 969 steckt und auf das sich auch Ma Ba Tḥa gründet, die patriotische buddhistische Vereinigung Myanmars, die über großen politischen

Einfluss verfügt. Sie hat die Nachfolge der nur lose strukturierten 969er-Gruppe angetreten, wenn es darum geht, den Buddhismus in Myanmar radikal zu verteidigen und die eigenen Interessen durchzusetzen. Man könnte auch sagen, Ma Ba Tha ist der politische Arm der Gruppe 969, der mit Aktionen auf der Straße auf sich aufmerksam macht.

Im August 2015 setzen sich die patriotischen Mönche erstmals auf spektakuläre Art und Weise durch: Mehrere Gesetze für Rasse und Religion, die noch die Regierung unter dem Exgeneral Thein Sein erließ, werden dem Einfluss der Mönche zugeschrieben. Eheschließungen zwischen Angehörigen verschiedener Konfessionen werden durch diese Gesetze drastisch eingeschränkt, für Nicht-Buddhisten wird eine Geburtenkontrolle eingeführt, der Wechsel in eine andere Religion wird deutlich erschwert. Die Ma-Ba-Tha-Mönche feierten die Verabschiedung der Religions- und Rassegesetze ausgiebig.

Ba Da Na Paung Maw Kah spielt eine wichtige Rolle in der Ma-Ba-Tha-Vereinigung, daran lässt er beim Gespräch spätabends in seiner kleinen Kemenate im ersten Stock des Klosters keinen Zweifel. Mit ernstem Blick berichtet er, dass sich gerade die Mönche schützend vor das buddhistische Erbe Myanmars stellen müssten, um es vor der Zerstörung durch die Muslime zu bewahren. »Die Muslime respektieren unser Land nicht, unsere Nation, unsere Flagge, vor allem nicht unsere Frauen«, ereifert sich der Mönch mit der markanten Stimme, die viel zu seiner Bekanntheit über Rangun hinaus beigetragen hat. Seine Anhänger sind häufig junge Menschen, die sich um ihre Zukunft sorgen.

Der frisch diplomierte Mathematiker Thit Lwin Aung ist solch ein junger Mensch. Er ist schlank, fast dünn und hat kurz geschorenes Haar. In einer orangen Robe würde der Dreiundzwanzigjährige einen perfekten Mönch abgeben. Er unterstützt die Gruppe 969, diese jungen, radikalisierten Mönche, die glauben, den Buddhismus in Myanmar verteidigen zu müssen und sich in den vergangenen Jahren mehrfach Straßenschlachten mit der muslimischen Minderheit im Land geliefert haben. Dutzende Menschen kamen dabei ums Leben.

969 – diese Zahlenkombination steht für die Tugenden des Buddhismus. An vielen Autos kleben 969-Aufkleber, Straßenstände in der Innenstadt Ranguns verkaufen 969-T-Shirts, die direkt neben bedruckten Hemden mit dem Logo der Nationalen Liga für Demokratie hängen, der neuen Regierungspartei.

In Myanmar, dem Land, das auf dem Weg zur Demokratie mit der Wahl vom November 2015 einen Riesenschritt vorangekommen ist, geht einiges durcheinander. Die sonst so friedlichen Buddhisten werden per Video der Prügelattacken überführt, und Aung San Suu Kyi hielt sich während ihrer Zeit als Oppositionsführerin mit Vorschlägen zur Lösung des Problems auffallend zurück. Als De-facto-Regierungschefin bleibt sie dieser Linie treu, keine – im Sinne der Menschenrechte doch eigentlich notwendige – scharfe Verurteilung der Übergriffe, keine den Muslimen entgegengestreckte

Hand, keine versöhnliche Geste. Selbst die Kandidaten ihrer eigenen Partei, der Nationalen Liga für Demokratie, hatten darunter zu leiden, jedenfalls wenn sie Muslime waren.

Einer wie Si Thu Mg hätte der Nationalen Liga für Demokratie sicher gutgetan. Der Achtundzwanzigjährige stand als Kandidat schon auf der Liste zur Wahl im November 2015, wurde dann jedoch wieder gestrichen. Denn Si Thu Mg ist Muslim, und Aung San Suu Kyi wagte es nicht, mit einem Muslim in den Wahlkampf zu ziehen. Si Thu Mg war früher Studentenführer, hat Jahre im Gefängnis zugebracht – und kann die Entscheidung der Friedensnobelpreisträgerin verstehen. »Sie musste das tun, um nicht ständig den Angriffen der radikalen Buddhisten ausgesetzt zu sein.« Muslime wie er mussten daher von der Liste.

Di Nyein Lyin ist Studienfreund von Thit Lwin Aung, dem jungen Mathematiker. Die beiden sitzen zusammen an einem Tisch in einem der inzwischen zahlreichen schicken Cafés in Rangun. Sie sind Freunde, aber nicht in allem einer Meinung. Der fünfundzwanzigjährige Di Nyein Lyin saß vier Jahre lang als Studentenführer im Gefängnis, auch nach der Haftentlassung durfte er sein Studium nicht weiterführen. Myanmar hat viele Probleme, den Konflikt mit der Kachin-Minderheit im Norden etwa, die Auseinandersetzungen mit Bauern um ihr Land, meint der nachdenkliche Student, das schlechte Verhältnis von Buddhisten und Muslimen dürfe das Land nicht auch noch belasten. Aber genau dieser Konflikt könnte den Erfolg der demokratischen Reformen im Land gefährden, genau er ist es auch, den die Weltöffentlichkeit mit Kopfschütteln verfolgt.

In einer geräumigen, schönen Wohnung mitten in der Altstadt Ranguns sitzt U Thein Win Tun. Er ist Muslim, einer von fünf Prozent der Bevölkerung Myanmars. »Manche haben eben ein Interesse, von den eigentlichen Problemen abzulenken und die Demokratisierung zu stoppen«, sagt der Siebenundzwanzigjährige. »Der Konflikt mit den Muslimen wird von denen instrumentalisiert, denen die demokratische Öffnung des Landes zu weit geht, von den Militärs etwa und allen, die an und mit den Militärs gut verdient haben und nun den Verlust ihrer Privilegien fürchten.« U Thein Win Tun lehrt Islamisches Recht an einer Privatschule, Al-Sheik Saeedullah heißt er dort. »In unserer Familie haben wir auch Buddhisten«, sagt der junge Mann, »es gab nie ein Problem. Aber die Gruppe 969, die macht mir schon Angst.«

Hoffnungslos entrechtet

Das Leiden der Rohingya

Ein Stacheldrahtzaun zieht sich rund um ein ganzes Viertel der Provinzhauptstadt Sittwe, an jeder Ecke sitzt oder steht ein Polizeiposten – hier lebten bis vor wenigen Jahren die muslimischen Einwohner der Hauptstadt der Rakhine-Provinz gleich an der Grenze zu Bangladesch. Rohingya, die vor Generationen aus Bangladesch zugewanderte Minderheit sowie Muslime, die noch sehr viel länger Teil der burmesischen Gesellschaft sind. Nun ist das umzäunte Viertel fast menschenleer. Nach heftigen Gewaltausbrüchen im Sommer 2012, nach mehr als zweihundert Toten, vor allem Muslime waren die Opfer, sind viele Straßenzüge niedergebrannt und nur notdürftig wiederhergestellt. Die ehemaligen Bewohner sind entweder geflüchtet oder in Lagern untergebracht. Rakhine ist eine Provinz Myanmars. Auf dem Rakhine-Gebiet befand sich früher das Königreich Arakan, das auch Teile des heutigen Bangladesch umfasste. Das ist die Gegend, aus der die Rohingya stammen.

Diese sind nach Einschätzung des UN-Flüchtlingshilfswerks die am stärksten verfolgte Minderheit der Welt. Wenn man sich die Lebensverhältnisse der rechtlosen muslimischen Rohingya rund um Sittwe anschaut, dann weiß man, wie die Vereinten Nationen zu dieser Einschätzung kommen.

Osman Kan wohnt seit den Unruhen 2012 in einem Rohingya- oder Bengali-Dorf außerhalb Sittwes. »Bengalis« nennen die Buddhisten die Muslime, es soll ausdrücken, dass diese Muslime eigentlich aus Bangladesch kommen und dort auch hingehören – nach Ansicht der buddhistischen Mehrheit zumindest. Osman hat bei den Unruhen vor drei Jahren seine Familie verloren, seine Frau und sein Sohn kamen ums Leben. Er besitzt die Staatsbürgerschaft Myanmars seit mehr als drei Jahrzehnten und ist damit einer der wenigen Muslime mit Ausweis in der Rakhine-Provinz. Trotzdem will er weg. »Es wird jeden Tag schlimmer«, sagt Osman, »keiner darf mehr das Dorf verlassen.«
Seit 1962 lebt die Familie von Osman Kan in Myanmar, ein Menschengedenken etwa, könnte man sagen. Nun aber sind mit dem Haus auch alle Dokumente verbrannt. Wie es mit der Staatsbürgerschaft weitergeht, wie es überhaupt weitergeht im Rakhine-Staat, dessen buddhistische Mehrheit die muslimische Minderheit ablehnt – häufig fürchtet, manchmal geradezu hasst –, wie es weitergeht mit ihm, das weiß Osman Kan zurzeit nicht.

Normalerweise besitzen Rohingya keine Staatsbürgerschaft, häufig gar keine Papiere, sie dürfen nicht arbeiten, ihre Kinder gehen nicht zur Schule. Ein Leben ohne Perspektive, ohne Zukunft breitet sich vor jenen aus, die sich selber sehr wohl als Bürger Myanmars verstehen.

Asali Han sitzt neben Osman auf einem schiefen Rattanstuhl. Er ist etwa zehn Jahre jünger – aber seine Geschichte klingt ganz ähnlich. »Meine Familie lebt schon lange in der Gegend«, erzählt der Mann Mitte dreißig, »jetzt ist aber der ganze Besitz niedergebrannt, eigentlich ist Flucht die einzige Alternative, um diesem Elend zu entkommen.«

Zehntausende haben diesen Weg bereits gewählt, mehr als tausend haben diese Entscheidung nicht überlebt. Es waren vor allem Rohingya, die im Frühjahr 2015 in altersschwachen Kähnen von Myanmar über die Andamanensee in Richtung Thailand und Malaysia flüchteten. Sie hatten Menschenschleppern ihre letzten Ersparnisse übergeben und wurden dann draußen auf See häufig sich selbst überlassen. Die Boote kenterten oder es brach Streit auf Deck der ehemaligen Fischkutter um die letzten verbliebenen Lebensmittel aus – Tausende Rohingya trieben zum Teil wochenlang vor den Küsten der südostasiatischen Staaten Thailand, Malaysia und Indonesien – und keiner wollte die weinenden Menschen an Land lassen. Zu groß war die Angst, dass die Hilfe als Signal an die Zurückgebliebenen in Myanmar verstanden werden würde, mit der Folge, dass sich noch mehr Verzweifelte auf die Flucht übers Meer begeben würden.

Es ist ein Konflikt in tiefster Armut, der in und um Sittwe in der Rakhine-Provinz stattfindet. Es ist ein Konflikt zwischen bitterarmen Muslimen – und fast genauso armen Buddhisten. Es ist ein Kampf um das Wenige, das es im Westen Myanmars überhaupt zu verteilen gibt. Aber eindeutig sei, dass die Rohingya die Verlierer seien, sagt Phil Robertson von Human Rights Watch, ein langjähriger Kenner der Situation in Myanmar. »Sie sind staatenlos, sie werden ausgesprochen schlecht behandelt, es gibt eine geradezu verzweifelte Notwendigkeit zur Hilfe.«

Diese Verzweiflung spürt man an jeder Ecke in einem der Rohingya-Flüchtlingslager außerhalb Sittwes. Tausende leben hier, in einfachsten Hütten, seit mehr als drei Jahren schon. Ma Ten Shwe sitzt vor einer dieser Unterkünfte und schützt ihr Kind mit den Händen vor der Sonne. »Es wird alles immer schlechter«, beklagt sich die Frau mit der sonnengegerbten Haut, »aber zumindest ist niemand aus meiner Familie ums Leben gekommen.«

In Sichtweite spielen Kinder, fröhlich rennen sie über die trockene Fläche zwischen den Wohnhütten und produzieren riesige Staubwolken. In einem Holzhaus, das die schlichten Hütten deutlich überragt, wird zumindest ein wenig Unterricht erteilt, ein paar Lehrer sind unter den Flüchtlingen – Zeit zum Unterrichten haben sie alle mehr als genug.

Abdul Majid ist achtundsechzig, er verbringt den Tag auf einem geflochtenen Podest vor seiner Hütte, die erhöhte Position verleiht ihm offensichtlich Würde, man spürt, wie respektvoll alle im Lager mit Abdul umgehen. »Damals, Ende der vierziger Jahre«, erzählt er, »bin ich noch als muslimischer Bürger Myanmars geboren worden, dann«, so erinnert er sich, »wurde ich irgendwann zum Rohingya erklärt, mit der Folge, dass mir der Pass abgenommen wurde.«

Sho Sho trennt vor ihrer Hütte kleinen, getrockneten Fischen die Köpfe ab. Einen Teil der Fische wird später die Familie verspeisen, den Rest will sie verkaufen. Sho Sho will nicht fliehen, wie viele andere im Lager, sie möchte nur zurück nach Sittwe, zurück ins alte Leben. Ihr Mann ist Lehrer, der Familie geht es vergleichsweise gut, aber Sho Sho hat Sehnsucht nach dem früheren Alltag, nach dem vertrauten Zuhause. Derzeit deutet nichts darauf hin, dass ihr Wunsch bald in Erfüllung geht.

Wenige Kilometer Luftlinie von dem Rohingya-Lager entfernt leben Buddhisten in Holzhäusern, die ihnen die Regierung hinstellte, als auch sie 2012 bei den Unruhen alles verloren hatten. Schlichte Unterkünfte, die denen der Muslime durchaus gleichen. Ein bisschen stabiler sind sie, sie stehen in einer geraden Reihe an einem befestigten Weg, aber glücklich ist auch hier niemand. *Daw* Sen Nu Sai lebt in einer dieser Hütten und betreibt seit Jahren einen kleinen Laden. Sie sei es gewohnt gewesen, in einem Haus mit Bäumen vor der Tür zu wohnen, klagt die Händlerin, es sei ihr gutgegangen. Nun kaufe kaum jemand etwas – weil niemand genügend Geld besitze – und Bäume seien eine absolute Seltenheit.

»Nein«, sagt *Daw* Sen, »ich hasse die Muslime nicht, die mein Haus abgebrannt haben, aber ich bin wütend auf sie. Ich will mit denen nie mehr zusammenleben.«

Wai Wai Thun ist Vorsitzende des Rakhine Women Network, einer kleinen Frauenorganisation in Sittwe, der einzigen in der Region. Sie gibt Kurse in Unabhängigkeit – sie lehrt sowohl wie man ein eigenes Geschäft eröffnet und damit erfolgreich ist, als auch wie man sich gegen die allgegenwärtige häusliche Gewalt zur Wehr setzt – oder besser: wie man ihr entgeht. Wai Wai Thun ist so etwas wie die Speerspitze der kleinen intellektuellen, liberalen Schicht in der Provinzhauptstadt. Und trotzdem schimpft auch sie auf die Muslime, bezichtigt sie der Aggression. Auch Wai Wai Thun sieht keine Lösung, kein friedliches Zusammenleben in der Zukunft.

Die Muslime in und um Sittwe sind die Verlierer in diesem Konflikt. Bisher zumindest – und ein Ende ist nicht abzusehen. Sie sind völlig verarmt und viele auch verfolgt, ihre Rechtlosigkeit allein kommt Verfolgung gleich. Aber sie sind nicht nur die Opfer, die Wirklichkeit in Sittwe ist nicht schlicht schwarz und weiß zu beschreiben.

Min Min im weit entfernten Rangun sieht das anders. Für den Geschäftsmann in der Metropole Myanmars ist die Lage klar, natürlich schwarzweiß, die Schuldfrage eindeutig: »Die Bengalis sind alle illegal eingewandert, leben jetzt in Lagern und bekommen immer mehr Kinder. Wenn wir das geschehen lassen, dann sind wir bald alle Muslime«, sagt Min Min und meint das auch so.

Der radikale Buddhist organisiert Demonstrationen gegen die Rohingya, die er Bengalis nennt, er will sie alle zurück nach Bangladesch schicken. Tausende kommen zu seinen Kundgebungen, jedes Mal sind viele Mönche unter den Demonstranten.

Die Protestzüge durch Rangun, die Min Min regelmäßig auf die Straße bringt, richten sich auch gegen die Weltöffentlichkeit, gegen die Vereinten Nationen, die zu Min Mins großem Ärger – und dem Ärger seiner buddhistischen Mitstreiter – von den Rohingya als der am meisten verfolgten Minderheit der Welt sprechen und den Geflohenen den Weg zurück nach Myanmar ebnen wollen.

Min Min ist ein Mann der einfachen Botschaften. Das Leben lässt sich so besser erklären – und seinen Anhängern sind einfache Botschaften leichter zu vermitteln. Min Min, der Geschäftsmann aus Rangun, weiß, warum sich die Vereinten Nationen für die muslimischen Rohingya einsetzen. »In der Versammlung der Vereinten Nationen sitzen doch mehrheitlich Muslime«, poltert er in einem kleinen Restaurant in einer Seitenstraße Ranguns los, »nicht Christen oder Buddhisten. Deshalb wollen sie alle Muslime hier in unser Land bringen.«

Unter Thein Sein, dem früheren Übergangspräsidenten Myanmars, der zweifellos einen großen Anteil an der schrittweisen Demokratisierung Myanmars hatte, hat niemand etwas für die Rohingya getan. Im Gegenteil, Thein Sein erließ Religionsgesetze, die sich ganz gezielt gegen die Rohingya richten. Und unter der neuen Regierung von Aung San Suu Kyi zeichnet sich bisher keine Veränderung ab. »Das Problem der Rohingya wird deutlich überschätzt«, erklärte die Lady im Garten ihres Hauses in Rangun, damals noch im Wahlkampf. Nach dem grandiosen Wahlsieg ihrer Partei, der im Kern ausschließlich ihr Sieg ist, hat sich nichts getan – wohl auch, weil Aung San Suu Kyi sich in der Ablehnung dieser muslimischen Minderheit mit einem großen Teil der Burmesen einig ist.

Phil Robertson von Human Rights Watch kritisiert, dass selbst die Freiheitsikone Aung San Suu Kyi nur von »Bengalis« spreche, wenn sie die Rohingya meine und sich damit mit den radikalen Buddhisten im Land gemein mache. Hoffnung auf eine für sie gerechtere Zukunft entsteht so für die Rohingya jedenfalls nicht.

Geschichte aus Glas

Ein Fabrikant kann nicht vergessen

Myat Kywe beginnt jetzt langsam zu vergessen. Gut achtzig Jahre ist er alt, und das »Wie heißt es doch gleich« kommt ihm immer öfter über die Lippen. Er hat ein Leben wie aus dem Geschichtsbuch geführt, aus dem sich nun die Seiten lösen. Myat Kywe hat das Burma der britischen Kolonialherren erlebt, die japanischen Besatzer, den kurzen Frühling der politischen Hoffnung, die Militärdiktatur und nun die unvermittelte Öffnung des verschlossenen Landes. »Ich sollte Ihnen das alles gar nicht erzählen, es könnte uns schaden«, sagt er leise – so, als lauschten noch japanische Spitzel oder die Zuträger der Generäle. Dabei ist Myat Kywe kein politischer Mann, kein Kämpfer, kein Vordenker, er hat die Geschichte nicht gestaltet. Sie ist ihm zugestoßen, während er sein ganzes Leben lang nur eines gesucht hat: das Geheimnis des perfekten Glases.

Myat Kywe setzt sich auf einen Teakholzstuhl in der Baracke, die er »Showroom« nennt. Mitten in einem Flecken Dschungel, am Rande Ranguns. Zuerst fuhr der Fahrer am verrosteten Eisentor des Grundstücks vorbei, bahnte sich später vorsichtig den Weg unter Palmen, Mangobäumen und Lianen hindurch. Ein paar Straßenköter dösten auf dem Lehmweg zum Showroom, in dem es Gläser zu sehen gibt. Gläser, geschliffen, zerbrochen, mit Sprung oder ohne, in zartem Grün, Blau oder Granatrot. Hinter einer Theke parkt der verrostete Vauxhall von 1938, mit dem Myat Kywes Vater dessen jüngste Schwester einst von der Schule abholte. »Das gab ein Theater, damals hatte hier doch noch kein Mensch so einen Wagen«, sagt Myat Kywe und lacht sein zahnloses Lachen.

Die Wand der Hütte zieren verblichene Buddha-Bilder, von Spinnweben überzogene Werbetafeln und Schwarz-Weiß-Fotos von Vater und Mutter bei einem Ausflug in die burmesischen Berge. Sie schauen frohgemut in die Kamera. Dabei hatte die Mutter Grund zur Sorge. Neun Kinder, und der Vater ein ewig Suchender, ein Fantast vielleicht, kein Geschäftsmann. Mit fünf Freunden kam ihm die Idee, Glas zu blasen. »Glas«, sagt Myat Kywe und lässt das kurze Wort lange auf der Zunge schmelzen, »Glas, das gab es damals in den vierziger Jahren nur eingeführt aus England oder Japan. Es war sehr teuer.« So gründete sein Vater mitten im Dschungel die erste Glasfabrik Burmas.

Die Freunde bauten einen Ofen unter den Mangobäumen, zwangen ihn mit Holzkohle auf Höllentemperaturen. Als aber die in Form gebrachte Masse abkühlte, zeigten sich Blasen und eingeschlossene Steinchen. Das Glas war blind. Die Engländer, die aus der Kühle ihrer Tropenvillen in Rangun die großen Gummikonzerne und Holzsyndikate steuerten und im Strand Hotel die Abende wegtanzten, lachten. Das Glas aus der Vorstadt wollten sie nicht. Sie waren Besseres gewohnt.

Drei, vier Versuche gaben sie sich, dann hörten die Freunde auf. Der Vater nicht. Er probierte weiter. »Alles Geld, das wir hatten, verlor er in der Bläserei.« Zum Glück florierte wenigstens der Teehandel, den er nebenher betrieb. Damit konnte er die Familie durchbringen, und allmählich gelang ihm auch das Glas besser. Bis die Weltgeschichte zum ersten Mal ans Glas der Familie klopfte.

1943 besetzten die Japaner Rangun. Sie brauchten Burma, damals das reichste Land der Region, wollten sein Öl und sein Holz, die Edelsteine und den Zugang zum britischen Indien. »Sie haben jedes Haus hier okkupiert, jedes Stück Land«, erinnert sich Myat Kywe.

Als die Offiziere das weitläufige Gelände der Familie betraten, trauten sie ihren Augen nicht: eine Glasfabrik, mit Ofen, Sandbergen, Formen. »Es gab keine großen Diskussionen. Die Japaner stellten schnell klar, dass wir für sie arbeiten müssten, wollten wir hierbleiben«, sagt Myat Kywe. Was aber konnten sie den Besetzern schon helfen? »Sie brauchten Medizin für die Front. Längst starben hier mehr ihrer Soldaten an Malaria oder Denguefieber als an Kugeln. Um das Chinin an die Front zu bekommen, brauchten sie Flaschen und Tiegel.« Weil es am Anfang keine Korken gab, schnitzten die Kinder sie zu Hunderten aus den Ästen und der Rinde der Bäume.

In den nächsten Monaten brachten die Japaner sogar neue Maschinen. Eine von ihnen diente dazu, Pillen zu drehen – Myat Kywes Vater verlor einen Finger, als er sie bedienen wollte. Zehntausende

Fläschchen fertigte die Familie, angelernt von japanischen Fachleuten. Die Qualität wurde besser, vor allem aber war das Überleben gesichert. »Es ging uns gut. Aber nachts musste mein Vater die Fabrik bewachen, weil es immer wieder zu Bombenangriffen der Briten kam«, erinnert sich Myat Kywe.

Eines Morgens aber, Myat Kywe hatte gerade keine Schule, wurden die Besatzer hektisch, sie sprachen nicht viel, packten alles in Kisten und Säcke und luden es auf Laster. »Sie sagten nur ›Sayonara‹, dann fuhren sie los und ließen uns in der ausgeweideten Fabrik zurück«, sagt Myat Kywe. Stunden später wurde klar, dass die Japaner vor den zurückkehrenden britischen Truppen geflüchtet waren.

Was die Japaner zurückgelassen hatten, fand gierige Abnehmer. Nun waren es die Inder im Dienst des britischen Kolonialheers, die sich bereicherten: »Sie drängten durch unser Tor, schraubten alles ab, was sie kriegen konnten, um es nach Indien zu schaffen.«

Und wieder begann der Vater von vorn. Mit den Gewinnen aus dem Teehandel ließ er einen Ofen bauen, stellte die ersten Arbeiter ein.

Myat Kywe ließ der glühende Ofen vor dem Haus nicht mehr los. Weil der Vater ihm verbot, den Arbeitern über die Schulter zu schauen, begann er, selbst herumzuexperimentieren. »In der Dämmerung versteckte ich mich im Dschungel und spähte zu ihnen hinüber, wenn sie ihre Mischungen anlegten.« So begann er, Sande zu mixen. »In den Ofen konnte ich meine eigenen Mischungen ja nicht geben. Also stellte ich sie daneben und schaute, was dabei herauskam.«

Vom Vater erbte er die Beharrlichkeit und mit dem Mittagessen, das seine Mutter ihm für die Schule mitgab, bestach er die älteren Schüler, damit sie ihm aus der Bibliothek Bücher mitbrachten, aus denen er etwas über das Glasschmelzen lernen konnte. »So lernte ich auch Englisch.«

Mitte der fünfziger Jahre hatte er mehr und mehr Erfolg. Die Fabrik lief zu diesem Zeitpunkt endlich auf Hochtouren. »Wir fertigten Glaszylinder für Kerosinlampen. Die gingen an die Fischer und viele Haushalte.« Anfangs konnten sie auch die kleinen Flaschen gut verkaufen, deren Herstellung sie bei den Japanern gelernt hatten. Dann kamen immer mehr Importe gebrauchter Flaschen aus Japan und Indien. »Damit waren unsere Fläschchen viel zu teuer.« Dabei zahlte der Vater den Arbeitern nur sechs Kyat am Tag, was heute nicht mal ein halber Eurocent ist, in der Reismühle bekamen sie zehn. Als der Vater sah, dass Myat Kywe sich selbst beigebracht hatte, Glas zu fertigen, stellte er ihn ein. Myat Kywe war am Ziel seines Traumes.

So hätte es weitergehen können. Dann aber kam es zum Militärputsch. Das Land geriet in die Hände der Junta. Über die Jahre wurde aus der Perle Südostasiens ein Armenhaus, ausgebeutet, abgewirtschaftet. »Es wurde schwierig«, sagt Myat Kywe. Dann wird er leiser. Immer wieder bricht er ab, stockt seine Stimme. Er lächelt, schüttelt den Kopf. Endlich platzt es doch aus ihm heraus. »Es gab Probleme«, sagt er, als wäre das schon ein vernichtendes Urteil über die Mangelwirtschaft, die von Jahr zu Jahr schlimmer wurde. Heute, nachdem die Generäle an der Spitze des Landes ihre Uniformen abgelegt haben, könne er endlich reden, freier als unter den britischen Kolonialherren, den japanischen Besatzern, der burmesischen Junta. Doch das Zögern ist dem alten Herrn in Fleisch und Blut übergegangen. Unter den Regimes der Vergangenheit hat er sich die Freiheit genommen, die er zum Überleben brauchte. Die neue Freiheit des ganzen Landes aber, die zu mehr reichen soll, als nur dazu das Leben zu retten, ist noch nicht seine. Vielleicht braucht er sie auch gar nicht mehr.

Dennoch bewundert er, wie alle hier, die Gewinnerin des neuen Myanmar: »Aung San Suu Kyi war auf meiner Schule«, sagt er. Durch die Jahre der Unterdrückung und des Hausarrests ist sie zur Ikone eines neuen, anderen, ehrlichen Myanmar geworden.

Im Rangun der frühen Tage kannten sich die guten Familien untereinander. Myat Kywes Mutter arbeitete mit der Mutter von Aung San Suu Kyi beim burmesischen Roten Kreuz. »Wenn es wahr ist, was die Leute sagen, und wenn die Lady bleibt, ist es gut für unser Land«, sagt der alte Mann. »Schon ihr Vater tat, was er sagte«, fügt er mit Blick auf den berühmten Freiheitskämpfer an, General Aung San. »So verhalten sich nicht viele.« Dann schüttelt er den Kopf. »Wie heißt es doch gleich?« Er lächelt. »Ach ja, das sind ehrliche, anständige Leute.«

Natürlich klebt das Bild von Aung San Suu Kyi in der Baracke des alten Mannes. Mit seinem leuchtend gelbroten Hintergrund hebt es sich ab von den verblichenen Fotos anderer Mystiker und heiliger Männer an der Holzwand. All die Ikonen gewähren Schutz. Aber sie geben ihm seinen Lebensinhalt nicht zurück. »Wenn ich könnte«, sagt Myat Kywe, »würde ich einfach wieder Glas blasen. Ich habe alle Rezepte noch im Kopf.«

Bis in die sechziger Jahre hatte die Fabrik Chemikalien vom britischen Hersteller Imperial Chemical Industries bekommen. Nach der Machtübernahme im März 1962 nationalisierten die Generäle das Geschäft der Briten in Burma. Von da an ließ die Qualität der Zutaten nach. Den feinen weißen Sand bekamen sie nun aus einem Flussdelta weit im Norden des Landes. »Wenn wir nur genug zahlen konnten, kamen die Laster mit dem Sand verlässlich«, sagt Myat Kywe. Aber mehr und mehr Leute wollten daran mitverdienen. Bald nach dem Staatsstreich fanden sich die ersten Offiziere, die die Lieferungen nur noch gegen hohe Bestechungszahlungen, getarnt als Lizenzabgaben, freistempeln wollten.

Eines Tages rollten alte britische Wagen auf das Gelände, gefolgt von einem Lastwagen mit Soldaten. Burmesische Offiziere sprangen heraus. Sie erklärten der verängstigten Familie, Fabrik und Grund und Boden beschlagnahmen zu wollen. Angeblich sollte hier eine Baumwollspinnerei gebaut werden. »Es hat meinen Vater unendlich viel gekostet, bleiben zu dürfen«, sagt Myat Kywe, und er meint damit nicht nur Kraft.

Die Glasbläserei lieferte damals Lampenzylinder für die vielen Fabriken, die es rund um Rangun noch gab. Weil in der Not aber immer mehr rationiert wurde, stellte sie lange schon nicht mehr so viel her, wie sie gekonnt hätte. Der Ofen war von Kohle auf Brennöl umgestellt worden. Das aber bekam man nicht mehr auf legalem Weg. Die Keksfabrik in der Nachbarschaft war die Rettung. Wie jeder in Myanmar unter der Knute der Generäle bestellte die Fabrik mehr Öl, als sie verbrauchte. »Man orderte drei Kanister. Einen brauchte man wirklich, zwei verkaufte man weiter«, sagte Myat Kywe. Der blühende Schwarzhandel aber verlangte einen hohen Preis. »Unsere Produktion war nun viel zu teuer.«

Einmal kamen drei Wissenschaftler, geschickt von der Regierung. Sie wollten die Rezeptur für das Glas aus dem Dschungel. »Die haben alles versucht, um dahinterzukommen, aber ich habe mich dumm gestellt«, sagt Myat Kywe und lacht. Er legte ein Stück Eisen und ein paar Hölzer in die Waagschale, stellte dann noch eine Tasse Wasser dazu und behauptete: »So wiege ich die Zutaten ab. Keine Ahnung, wie viel das in Kilo oder Gramm ist.« Die Schnüffler hielten den Glasbläser für übergeschnappt und zogen ab.

Als in den neunziger Jahren ein alter Toyota auf das abgelegene Gelände rollte, ahnte die Familie nichts Gutes. Diesmal war es nur ein Mann, aber sein Fahrer machte mit wenigen Handbewegungen klar, wie wichtig der war. »Der Beamte erklärte uns, die Regierung wolle unser Glas, damit es den Menschen in Burma besser gehe.« Er schaute sich in der

Fabrik um, sah sich besonders den Ofen an. »Dann sagte er, wir müssten unseren Ofen auf Gas umstellen. Das Brennöl werde gebraucht, Gas aber gebe es vor der Küste im Überfluss.« Nur ein paar Tage dauerte es, dann war eine Leitung gelegt. »Wir waren die Einzigen, die das zuließen – keiner unserer Nachbarn wollte einen Anschluss, denn dann hätten sie den Verdienst aus dem Schwarzhandel verloren.« Für das Gas aber hätte Myat Kywe beinahe noch bitter bezahlen müssen.

In einer schwülen Nacht, lange bevor die Monsunzeit anbrach, hielt ein Taxi vor dem Tor der Fabrik. Myat Kywe kannte den Fahrer, der ihn aufgeregt heranwinkte. »Er rief mir zu, er habe im Radio gehört, ein großer Sturm werde aufziehen. Wir sollten alles wetterfest machen.« Es war Ende April 2008, am Abend, bevor der Zyklon Nargis über das Land hereinbrach und gut hunderttausend Menschenleben forderte. »Wir haben ihm geglaubt. Wir haben das Gas abgedreht«, sagt Myat Kywe. Es war eine schwere Entscheidung, denn wenn der Ofen erst einmal abkühlt, ist er kaum wieder in Gang zu setzen. Dann peitschten schon die Böen über den Dschungel, rissen riesige Löcher in die Bambuswände, fegten die Wellblechplatten vom Dach, zerschlugen Fenster, Bäume stürzten auf die Hallen. »Alles war kaputt. Aber es hat nicht gebrannt. Uns war nichts geschehen«, sagt Myat Kywe.

Seine Geschwister und er leben noch immer auf dem Gelände. So wie auch einige der Arbeiter. »Wir haben ihnen die Häuser überlassen«, sagt Myat Kywe. Das aber scheint ihnen nicht genug zu sein. Nach der Öffnung des Landes für ausländische Investoren haben sich die Preise für Grund und Boden verdoppelt. »Jetzt wollen die Arbeiter auch noch die Grundstücke überschrieben haben«, sagt Myat Kywe. Dafür haben sie sich einen Anwalt genommen, der alle Bücher hat beschlagnahmen lassen. Als der Monsun auf den Dschungel prasselte, hat er die Geschäftsberichte einfach aus dem Haus geworfen. »Der Regen hat alles aufgelöst, alles zerstört. Die Schrift ist verwischt. Wir können nicht mehr nachweisen, was uns gehört, was wir bezahlt haben. Jeder Stempel ist weggewaschen«, sagt Myat Kywe. »Die Einzigen, die heute gewinnen, sind die Anwälte.«

Inzwischen steht die Zeit still in der Nagar Glasfabrik. Der Ofen konnte nicht wieder angefahren werden und bleibt kalt. Der Sandhaufen ist lange verweht. Bäume wuchern aus den Bauten, bald haben sie die Höhe des Ziegelschornsteins erreicht. Moskitoschwaden ziehen durch die feuchten Gemäuer. Glas gibt es immer noch im Überfluss – es sind wohl Millionen von Bechern und Krügen, Platten und Vasen. Sie liegen unter Laub verborgen, aufgeschichtet im Gras, entlang jedes Weges. »Das ist unser Schatz«, sagt Myat Kywe. »Wir verkaufen es Stück für Stück.« Früher belieferte er die Hotels in der Stadt. Heute kommen manchmal Touristen. Dann schieben sie mit einem Stock in der Hand das Laub von den Gläsern am Boden, suchen sich ein Teil aus. Myat Kywe geht meist mit in die Ruine und warnt die Gäste vor Schlangen. Finden die Touristen ein Glas, das heil ist, schleift es Myat

Kywes Schwester und poliert es in einem großen Wasserbottich. So wie sie es vor fünfzig Jahren schon gemacht hat.

Spuren der Strategen

Vom Vakuum beim Wandel

Als der Sturm die Dächer der Häuser wegriss, als er Wände aus Bambusrohr eindrückte wie Pappe und Schiffe abheben ließ, als wären sie aus Papier, da wussten die Burmesen, es würde sich noch viel mehr ändern: Für sie war das Brausen nur ein Zeichen des Himmels.

Der Zyklon Nargis, der 2008 mehr als hunderttausend Menschen in Myanmar ihr Leben kostete, war für sie ein Orakel, eine Offenbarung, ein göttlicher Fingerzeig darauf, dass das verhasste Militärregime bald weggefegt, der Sturm den Generälen ihre Uniformen vom Leib reißen, das Land von der Junta gesäubert werde, der Neuanfang bevorstehe. Sie sollten recht behalten.

Seit jeher blicken die Burmesen auf Zeichen von ganz oben. Nicht nur vor großen Entscheidungen ließ sich der brutale Junta-Chef Than Shwe die Sterne deuten. Die ganze Führungsriege der Militärs glaubt an die Vorsehung. Ein gutes Beispiel dafür ist der Verkehr in Rangun. In Jakarta oder Hanoi knattern die Mopeds – in ganz Asien das erste Fahrzeug auf dem Weg zu mehr Wohlstand. In Rangun aber gibt es keine Motorräder. Denn einer der Generäle bekam geweissagt, er werde bei einem Unfall mit einem Motorrad in der damaligen

Hauptstadt sterben. Um das auszuschließen, verbot er gleich den ganzen Motorradverkehr in Rangun. Das ganze Land ist bestimmt von Mythen, Glauben und Legenden. Im November 2012 wurde die neue Hauptstadt Naypyidaw von Erdstößen erschüttert. Und die Menschen fragten sich, was die Götter ihnen diesmal sagen wollten. Sollte die scheinbar bleierne Ordnung in diesem Teil Asiens zerfallen? Vieles deutete darauf hin. Doch war es weniger göttliche Fügung als irdische Machtpolitik, die an den Grundfesten dieses Zentrums Asiens rüttelt.

Sie kam im Spätherbst 2012 in Gestalt Barack Obamas nach Myanmar, als erster amerikanischer Präsident. Schon bei der Wahl Obamas 2008 hoffte die burmesische Opposition auf den »O-Burma-Effekt« für ihr Land, das Stärken der Demokratiebewegung. Auch für Thein Sein, den vom General zum Erneuerer Myanmars weißgewaschenen damaligen Präsidenten, wurde der Händedruck mit seinem amerikanischen Amtskollegen zum Ritterschlag.

Seit Jahrhunderten ist Myanmar Durchgangsstation. Hier kreuzten sich die Wege der Mönche und Händler, der Samurai und persischen Prinzen, der Abenteurer, Goldsucher und Eroberer. Hier schossen die britischen Kolonialheere mit ihren Kanonen auf die Kriegselefanten des Königs von Ava. Portugiesen errichteten hier Festungen, die Briten bauten in drei Kriegen ihre Einflussszene über Bengalen hinaus aus. Im Zweiten Weltkrieg versuchten die Japaner, Burma zur Festung zu machen und nutzten seine Bodenschätze für ihre Kriegswirtschaft, Amerikaner und Briten eroberten es mit ihren Söldnern Meter für Meter zurück. In den frühen fünfziger Jahren des vergangenen Jahrhunderts kamen dann die Chinesen. Erst mit Waffen, dann mit Schaufeln – sie nahmen den Burmesen Jade und Holz, Rubine und das in den Bergen angebaute Opium. Bis zur Öffnung des Landes waren sie die einflussreichsten Geschäftspartner der Burmesen; nicht geliebt, aber wichtig. »Insbesondere China wünschte sich Burma als einen Vasallenstaat für den Bau von Häfen, Autobahnen und Pipelines, die Chinas Süden und Westen den Zugang zum Meer verschaffen, durch den Chinas immer weiterwachsende Mittelklasse ihr Öl vom Persischen Golf erhalten kann«, beschreibt Robert Kaplan, Asienkenner und Berater des amerikanischen Verteidigungsministeriums, die Lage.

Letztlich führten die Chinesen eine Tradition fort: Alle fremden Heere und Herrscher wollten die Rohstoffe des einst reichen Landes, wollten seinen Zugang zum Golf von Bengalen und zur Andamanensee, wollten bis vor die Grenze der jeweils anderen Weltmacht ziehen. Denn Myanmar liegt zwischen den beiden bevölkerungsreichsten Ländern der Welt, hier stoßen die größte Diktatur (China) und die größte Demokratie (Indien) der Erde aufeinander, die größte Wirtschaftsmacht Asiens trifft auf die drittgrößte. »Myanmar liegt genau in der Mitte zwischen Delhi und Mumbai und Schanghai und Hongkong. Es ist die fehlende Verbindung«, sagt der burmesische Historiker Thant Myint-U.

Auch in den Sandkastenspielen der Militärs gewinnt Myanmar an Gewicht. Könnte es doch das Bollwerk sein, das Peking den Zugang zum Golf von Bengalen versperrt. Oder aber dessen Sprungbrett vor Indiens Küste. Aus Pekings Sicht ist Myanmar die letzte Perle in der Kette, die China in den vergangenen Jahren um die Atommacht Indien gezogen hat: Tibet, mit den Quellen der südasiatischen Flüsse, Pakistan, Indiens Erzfeind, Sri Lanka vor Indiens Südspitze – überall bauen die Chinesen Häfen, Straßen und Bergwerke. Bliebe Myanmar unter chinesischem Einfluss, wäre Indien umzingelt.

Aus Menschlichkeit kam in all den Jahrhunderten niemand. Auch Obama nicht. Auch seine Reise durch Südostasien war die Fortsetzung der globalen Strategiespiele in der Region. Nüchtern betrachtet spricht es für die Weitsicht im Weißen Haus, diesen Knotenpunkt Asiens wieder in den Fokus der Weltöffentlichkeit zu rücken. »Kurz gesagt finden wir in Burma den Code, um die Welt der Zukunft zu verstehen. Burma ist der Preis, um den zu kämpfen sich lohnt, wie China und Indien dies – alles andere als dezent – schon machen«, sagt Kaplan.

Nie zuvor war ein amtierender amerikanischer Präsident nach Myanmar gereist. Doch hatte einer von Obamas Vorgängern, der spätere Präsident Herbert Hoover, hier Anfang des vergangenen Jahrhunderts mit einer Silbermine sein Glück gemacht. Ab dem Spätherbst 2012 wollten sich die Amerikaner die Übergangszeit in Myanmar zunutze machen. Dieses eigenartige Vakuum beim Wandel von Militärdiktatur zu Demokratie, das über Nacht Freiheiten gewährt.

Die Selbsthilfe des Volkes während der Zyklonkatastrophe warnte die überforderten Generäle, dass selbst die ausgebluteten Burmesen noch Kräfte mobilisieren können. Die Rebellion in Nordafrika ab 2011 ließ die Potentaten fürchten, dass auch ihr Volk sich erheben könnte. Sie spürten, dass die Welt keine weiteren Bilder ermordeter Mönche auf den Straßen Ranguns akzeptieren würde. Und schließlich machten die Nachbarländer Südostasiens Druck, denn sie wussten, dass sie nur profitieren und Freihandel mit dem Westen beginnen könnten, wenn sich die Junta zurückziehen würde. Die Zeit drängte: 2014, im entscheidenden Jahr bevor Südostasien seine Wirtschaftsunion beginnen würde, führte ausgerechnet Myanmar den Vorsitz der Staatenvereinigung ASEAN.

Und so wirkte das Land plötzlich, als hätte eine gute Fee es aus seinen Albträumen erweckt. Die damalige Oppositionsführerin Aung San Suu Kyi bereiste die Welt und zog in das burmesische Parlament ein. Die Chinesen mussten nach Bürgerprotesten den Bau eines Staudamms in Myanmar einfrieren. Politische Gefangene wurden auf freien Fuß gesetzt. Die Zensur aufgehoben, ein Investitionsgesetz verabschiedet. Die Generäle und ihre *Cronies* verordneten Demokratie, und plötzlich durfte der Rest des Landes an der Freiheit schnuppern und Marktwirtschaft lernen.

Wann, wenn nicht zu diesem Zeitpunkt, sollten die westlichen Länder zurückkehren, ihre Sanktionen aufheben? Schließlich waren dies die Tage, an denen Karten gemischt und Pflöcke eingerammt wurden. Wer jetzt nicht in Myanmar Fuß fasste, der würde es schwer haben. Coca-Cola und Konkurrent Pepsi wollten den Markt der gut fünfzig Millionen Menschen erobern, General Electric will Kraftwerke verkaufen, Henkel, Hennes & Mauritz und Adidas fertigen hier, Mastercard und Visa begannen in einem Land Kreditkarten zu verbreiten, das noch Wochen zuvor drei Wechselkurse kannte und Dollars nur akzeptierte, wenn sie gebügelt und nicht zerknittert waren. Und Derek Mitchell, der erste amerikanische Botschafter seit zweiundzwanzig Jahren in Rangun, paukte täglich Burmesisch bei einem Studentenführer, der kurz zuvor noch eine langjährige Haftstrafe abgesessen hatte.

Obama wollte Myanmar aufbrechen, einbinden in den Gürtel, den die Amerikaner seit 2010 um China legen. »Die militärische Hinwendung der Amerikaner in Richtung Ostasien und das wachsende Engagement mit Myanmar wird die chinesischen Bedenken nähren, von Verbündeten der Amerikaner umzingelt zu sein«, sagt James Brazier von IHS Global Insight. Hillary Clinton hatte den Asiaten als Außenministerin 2010 ein kräftiges »We are back« entgegengeschleudert – ganz und gar nicht zufällig im chinakritischen Vietnam. Es dröhnte Peking in den Ohren. Nach der Konzentration auf den Nahen Osten hatte das Weiße Haus erkannt, dass es China nur dann in Schach halten könnte, wenn es die Demokratien und die Chinagegner der Region stärkte. Nur so wäre es möglich, die enormen Geschäftschancen der Region im »asiatischen Jahrhundert« zu nutzen.

Helfer dabei sind die strategischen Partner der Amerikaner in Asien, die Japaner. Sie sind – trotz des Überfalls im Zweiten Weltkrieg – in Burma hoch angesehen. Und der natürliche Gegenspieler Chinas. Peking aber hat sein Ansehen bei den allermeisten Burmesen verspielt. Die Jahre hemmungsloser Ausbeutung haben ihre Spuren hinterlassen. Das beste Beispiel ist die Ablehnung des milliardenschweren Staudamms Myitsone, den die Chinesen im Norden des Landes bauen wollen. Der Strom des Kraftwerks sollte zum ganz überwiegenden Teil nach China gehen. Über Jahrzehnte vergaben die Generäle Konzessionen für den Abbau von Bodenschätzen ins große Nachbarland – und wurden dafür ansehnlich belohnt. Eine der ersten und undankbarsten Aufgaben von Aung San Suu Kyi war es denn auch, den Konflikt um die Kupfermine Letpadaung zu schlichten. Auch sie ein von den Bauern gehasstes Großprojekt zwischen burmesischem Militär und chinesischen Investoren. Eines aber kann – und will – die neue Regierung nicht ändern: Auch wenn die Neuinvestitionen abnehmen, auch wenn Amerikaner und Japaner nach Myanmar drängen, so bleibt China doch der wichtigste Handelspartner des Landes.

Um die Bedeutung der Region wissen Asiaten und Amerikaner schon lange, auch wenn sie sich zwischenzeitlich weniger füreinander interessierten. Doch vor siebzig Jahren mussten noch gut hundertfünfzigtausend meist schwarze Pioniere der Amerikaner und fünfunddreißigtausend Einheimische eine gigantische Dschungeltrasse vom indischen Assam durch Myanmar bis nach Kunming in China schlagen. Die Ledo Road diente der Versorgung der Chinesen unter Tschiang Kai Schek, um Kriegsgegner Japan etwas entgegensetzen zu können.

Die Soldaten litten unter Moskitos und Monsun, Schlangen und Blutegeln. Im letzten Kriegsjahr aber brachten sie schon hundertfünfzigtausend Tonnen Material über die Passstraße. Heute sollen, nach dem Willen der Amerikaner, die Chinesen von Myanmar aus in Schach gehalten werden. Zugleich soll das Land in den nächsten Jahren mit einem ganzen Netz von Straßen und Bahnlinien, Kraftwerken und Häfen überzogen werden. Das Sorgenkind Asiens könnte sich so wieder in das Herzstück der Region verwandeln.

Freie Gestaltung

Ins Leben entlassen

Ko Ko Gyi sitzt im kleinen Laden seines Bruders. Ganz entspannt hat er sich auf einer Bank vor einem großen Spiegel niedergelassen. Eigentlich hat der Fünfzigjährige keinen Grund, entspannt zu sein. Seit drei Jahren ist er jetzt aus der Haft entlassen, seit drei Jahren nimmt er am politischen Leben Myanmars teil, ein eigenes privates Leben hat er aber noch nicht wieder aufgebaut. Seine Eltern sind während der Haftzeit gestorben, eine Familie hat er nie gründen können. Sein Bruder hat ihn zwar gern und bereitwillig aufgenommen, aber Ko Ko Gyis Wünsche sind damit natürlich nicht erfüllt.

Achtzehn Jahre hat Ko Ko Gyi im Gefängnis verbracht. Nicht am Stück, zwischendurch war er immer wieder in Freiheit. Da er aber weiter gegen das Militärregime arbeitete, waren die Zeiten außerhalb des Gefängnisses häufig nur kurz. Zuletzt, vor dem Januar 2012, verbrachte er viereinhalb Jahre in Haft.

»Vor allem in den letzten Jahren«, erzählt er, »hat man mich nicht körperlich gefoltert, sondern ist subtiler vorgegangen.« Alle Häftlinge seien in weit entlegene kleine Gefängnisse verlegt worden, alle getrennt voneinander und ganz weit von ihren Familien entfernt. Höchstmögliche Einsamkeit war das Ziel. »Das war eine Form der psychischen Misshandlung«, sagt Ko Ko Gyi. Nur sein Bruder konnte ihn besuchen, dreimal in mehr als vier Jahren.

Zum ersten Mal wurde Ko Ko Gyi 1988 verhaftet, bei den massiven Protesten gegen die Militärdiktatur. Er war einer der Führer der 88 Students Generation Group – und ist es, zusammen mit Min Ko Naing, noch heute. Die beiden sind jetzt häufig in Myanmar unterwegs, werben für den demokratischen Wandel und am Ende auch ein wenig für sich.

Ko Ko Gyi unterstützt Aung San Suu Kyi, er will, dass sie mit ihrer neuen Regierung erfolgreich ist. Er wollte sogar mitmachen, mitgestalten. Vor den Wahlen wurde er als möglicher Parlamentskandidat gehandelt. Ko Ko Gyi ist bekannt in Myanmar, nicht so bekannt wie Aung San Suu Kyi natürlich, aber doch zu bekannt für die Lady. Die nämlich sorgte dafür, dass der frühere Studentenführer die Nationale Liga für Demokratie wieder verlassen musste. Also kein Ko Ko Gyi in der Nationalversammlung der Hauptstadt Naypyidaw. Später, und das ist ein offenes Geheimnis, könnte die 88 Generation Students Group, Ko Ko Gyis Organisation, mit einer eigenen Partei antreten. Irgendwo links von der Nationalen Liga wäre sie wohl angesiedelt. Aber erst einmal, sagt Ko Ko Gyi, gehe es um Vertrauen der einzelnen Gruppen untereinander. Das sei das Wichtigste nach den vielen Jahren der Unterdrückung.

Eine, die dabei ist, die jetzt mitregiert, ist Ma Thanda. Die Siebenundvierzigjährige sitzt auf einem schlichten Bett in einer Kammer am Rande des Parlamentsgebäudes in Naypyidaw. Hier sind die Mandatsträger mehrere Wochen am Stück während der Sitzungsperioden untergebracht. Es wirkt ein bisschen wie ein Straflager. Ma Thanda fremdelt noch etwas mit der ungewohnten und vor allem unpersönlichen Umgebung. Aber sie ist glücklich, am Ziel zu sein. Dass sie überhaupt noch von »glücklich sein« sprechen kann, ist nicht selbstverständlich.

Die Abgeordnete der neuen Regierungspartei hat fünf Jahre ihres Lebens im Gefängnis verbracht, ursprünglich war sie sogar zu lebenslänglich verurteilt worden. Ihr Mann wurde während der Zeit der Militärdiktatur ermordet, ihre Tochter ist damals nach Thailand geflohen, studiert jetzt in Chiang Mai und weigert sich, in das für sie feindselige Myanmar zurückzukommen. Man könnte also meinen, Ma Thandas Leben sei zerstört. Aber die fröhlich wirkende Frau mit der typischen *Thanaka*-Paste im Gesicht steckt voller Energie. »Ich vertraue *Daw* Suu völlig, sie wird es schaffen, das Land zu ändern und voranzubringen.«

Aber die neue Parlamentarierin weiß auch, wie groß der Erwartungsdruck ist. »Ich bin nicht sicher, ob wir alle Erwartungen erfüllen können. Das Militär hat noch immer viel Macht, drei wichtige Ministerien bleiben in der Hand der Generäle. Wir müssen deshalb Schritt für Schritt vorgehen.«

Also bereitet sich Ma Thanda jetzt gewissenhaft auf die neuen Aufgaben vor. »Wir haben in den vergangenen Wochen Englischtests und Computerkurse absolviert«, sagt die Jungparlamentarierin,

»es gibt außerdem im Parlament eine Bibliothek mit Büchern über Politik.« Es ist noch viel zu tun im Myanmar des Neubeginns.

Das weiß auch Zarganar. Früher war er Myanmars bekanntester Komiker, dann auch Filmemacher, schließlich Kritiker der politischen Verhältnisse und deshalb mehrfach im Gefängnis, zuletzt bis zum Oktober 2011.

Zarganar sitzt lächelnd auf der Terrasse eines großen Hotels mit Blick auf den Kandawgyi-See mitten in Rangun. Es geht ihm gut in diesem Moment, und das sagt er auch. »Rache«, erklärt der Zweiundfünfzigjährige mit der tiefen, prägnanten Stimme, »ist für mich nicht wichtig. Ich halte nichts von Rache.« Zarganar, der früher oft grobe Komiker, dessen nicht eben feinsinnige Witze in der Diktatur funktionierten und ihm eine große Schar von Bewunderern einbrachten, dann ein Auftrittsverbot und schließlich die Gefängniszelle, ist jetzt ein Verfechter des Ausgleichs.

Und es geht ihm gut mit diesem Rollenwechsel. »Ich bin vorsichtig optimistisch«, sagt Zarganar. Und lächelt wieder. Wenn der Ex-Comedian lächelt, dann erwartet man, dass daraus gleich ein schallendes Lachen wird. Der Schalk ist immer noch vorhanden. Und er wird sichtbar, wenn Zarganar schnoddrig ins Gespräch wirft, dass der US-Präsident schließlich nicht Gott, der Heilsbringer sei. Die Menschen in Myanmar haben zu hohe Erwartungen an Barack Obama und die USA, will er damit sagen. Er sagt es auf seine Art.

U Zaw Thet Htwe ist ein guter Freund Zarganars. Und ein Leidensgenosse. Zusammen haben sie den Opfern des Zyklons Nargis 2008 geholfen, zusammen wurden sie deswegen verhaftet und zu vielen Jahren Gefängnis verurteilt. U Zaw Thet Htwes Strafe betrug fünfzehn Jahre Haft, von denen er glücklicherweise nur dreieinhalb absitzen musste. »Es war schlimm genug«, berichtet der stille, gut aussehende Mann, Sportjournalist von Beruf, der inzwischen in der Videoproduktionsfirma seines Freundes Zarganar untergekommen ist. Früher war er einer der bekannten Sportreporter Myanmars, unterwegs für das *First Eleven Sports Journal* und vom ganzen Land gelesen. Nun lebt er lieber unauffälliger in der zweiten Reihe und schreibt manchmal Gedichte.

Laute, scheppernde Musik dröhnt aus großen Boxentürmen am Inya-See mitten in Rangun. Die 88 Students Generation Group hat zum Wiedersehensfest eingeladen, zur Freiheitsparty nach Jahren, die viele der fröhlichen Gäste auf dem Rasen am See hinter Gittern verbracht haben. Ein Liedermacher kommt auf die Bühne, schmettert Protestsongs, alle, wirklich alle singen mit, jeder Ton ist für die Versammelten hier ein Stück Befreiung – Woodstock in Myanmar, so wirkt es ein wenig.

Mitten in der Menschenmenge stehen, ganz dicht beieinander, So So Linh und Di Nyein Linh, Vater und Sohn. Beide haben Jahre im Gefängnis verbracht, beide haben einander jahrelang nicht gesehen, haben nicht einmal gewusst, ob der andere noch lebt. Man spürt, man sieht, dass sie sich nicht wieder verlieren wollen. Der Vater war die vergangenen zwanzig Jahre meistens in Haft, wegen seiner politischen Überzeugungen, der Sohn wurde 2007 festgenommen. Als einer der Wortführer der damaligen Studentenrevolte. Sie waren nie im selben Gefängnis inhaftiert. »Es war eine furchtbare Zeit«, sagt der dreiundzwanzigjährige Sohn. »Anfangs bin ich oft geschlagen worden, später wurde es durch den internationalen Druck besser.«

Aber sie wurden am gleichen Tag aus der Haft entlassen. »Meine Mutter konnte es gar nicht fassen«, erzählt Di Nyein Linh, der Sohn. So So Linh, der Vater, spricht wenig. »Mein Sohn und ich, wir haben uns lange nicht gesehen«, sagt er nur mit leiser Stimme. »Jetzt bin ich sehr glücklich.« Beide, Vater und Sohn, lächeln nicht. Sie freuen sich mit ernsten Gesichtern.

Khin Maung Win war nie im Gefängnis. Aber die letzten fast fünfundzwanzig Jahre auch nicht in Myanmar. Khin Maung Wins Gefängnis hieß Exil. Ende der achtziger Jahre musste er aus Rangun verschwinden. Er hatte an den Studentenprotesten teilgenommen, stand kurz vor der Verhaftung. Er flüchtete in den Dschungel, wie er es selber beschreibt.

Er wählte den Weg Richtung thailändischer Grenze, lebte dort lange in einem Flüchtlingslager auf dem Gebiet der Kachin-Minderheit, sieben Jahre lang bis 1995. Dort wurde er ausgebildet, sowohl an der Waffe als auch an der Filmkamera. Khin Maung Win begann Filme zu drehen, heimlich, mit einer kleinen Kamera in schlechter Qualität, die beim Zuschauer das Gefühl der Authentizität noch verstärkt. Khin Maung Win arbeitete als einer der Undercover-Reporter für den Exilsender *Democratic Voice of Burma*. Er sorgte dafür, dass wenigstens einige Bilder und Filmsequenzen aus dem völlig abgeschlossenen Land heraus und damit an die Weltöffentlichkeit gelangten.

»Es war eine harte Zeit«, beschreibt Khin Maung Win seine damaligen Erfahrungen. »Viele meiner Kommilitonen, die mit mir geflüchtet waren, starben an Malaria. Ich selber bin zwar erkrankt, habe die Fieberschübe aber überlebt.« Später seien sie, nun selber mit der Waffe in der Hand, in Kämpfe mit den Regierungstruppen verwickelt gewesen, aufseiten der Kachin-Rebellen. »Es gab damals viele Gelegenheiten zu sterben«, fügt der inzwischen in sein Land zurückgekehrte Exiljournalist hinzu.

Die Kamera war ihm immer die wichtigere Waffe, ihm gemäßer, und am Ende mit mehr Wirkung. Khin Maung Win und seine Mitstreiter schmuggelten die Filme über die burmesisch-thailändische Grenze, um sie von dort an das Studio in Norwegen zu verschicken. Irgendwann folgte Khin Maung Win seinen Filmen. Er zog nach Oslo und verantwortete dort viele Jahre das Programm der *Democratic Voice of Burma*, die über Satellit in Myanmar zu empfangen war und später auf seinen Webseiten für umfassende Informationen über die Vorgänge im Land der Militärdiktatoren sorgte.

Inzwischen hat Khin Maung Win ein Büro der *Democratic Voice of Burma* in Rangun eröffnet, er ist ein gefragter Mann, aber er weiß nicht, wie es weitergehen soll. »Wir bekommen bald kein Geld mehr«, meint er betrübt. Die Spender sehen die Notwendigkeit zur Unterstützung nicht mehr, jetzt, wo die Presse im Land neue Freiräume gewinnt, und sie haben ihre Prinzipien. Eines besagt, dass Spendengelder nicht an Medien fließen dürfen, deren Betreiber aus dem Exil nach Myanmar zurückgekehrt sind. »Wir sind an einer Weggabelung«, sagt Khin Maung Win, »wir sind auf diese Herausforderung nicht gut vorbereitet, wir haben es nicht gelernt, Geld zu verdienen, sondern immer nur aus Überzeugung und für die gute Sache berichtet.«

Alle wollen nun Rat von Khin Maung Win, schließlich ist die *Democratic Voice of Burma* ein weiterhin bekanntes und vor allem in ländlichen Gegenden gern gesehenes Programm, aber der hofierte Ex-Exiljournalist wird wohl bald die Taschen auf links drehen müssen.

Das könnte der Moment für etwas vor Kurzem noch Ungeheures, etwas Undenkbares sein – für die enge Zusammenarbeit der einst erbitterten Gegner, des Staatssenders *MRTV* und des Exilprogramms. Alles ist inzwischen denkbar, *MRTV* hat eine hervorragende technische Ausstattung, die *Democratic Voice of Burma* weiß, wie man unabhängigen Journalismus auf den Bildschirm zaubert. Kürzlich ist Khin Maung Win von *MRTV-3* interviewt worden. »Die haben mich gefragt, ob ich ihnen Tipps gegeben kann. Und ich habe zugesagt, unsere Erfahrungen zu teilen. Das war schon merkwürdig, schließlich sind es die Feinde von früher.« Beide Seiten eint nun zumindest die fehlende Erfahrung in einem zukünftig wichtigen Punkt: der Frage, wie man mit gutem Journalismus Geld verdient.

Alles auf Hoffnung

Junge Erwartungen an die neue Welt

Naw Say Phaw Waa lebt mit ihren Eltern und ihrer Schwester in einer rund neunzig Quadratmeter großen Wohnung in Rangun. Neuntausend Dollar, heute knapp achttausend Euro, hat ihr Vater vor Jahren für diese Wohnung bezahlt, für Myanmar-Verhältnisse ist sie weitläufig und luxuriös, auch wenn das Haus selbst von einer Schmutz- und Schimmelschicht überzogen ist. Naw Say Phaw Waa, kurz Nilar, wie sie sich nennt, ist fünfundzwanzig Jahre alt und hat in Bangkok Journalismus studiert. Ein absolutes Privileg, wie sie selbst weiß. Ihr Vater ist Zeitungsredakteur, ihre Familie, nicht wohlhabend, zählt dennoch zur gehobenen Mittelschicht Myanmars, einer sehr kleinen Gruppe von Menschen. Eine breite, kaufkräftige Mittelschicht hat sich in der unterdrückten Gesellschaft Myanmars in den vergangenen fünfzig Jahren kaum herausbilden können.

»Ich habe natürlich durch meinen Hintergrund gute Chancen, ich war im Ausland«, sagt die junge Frau mit der trendigen Kleidung und dem »burmesischen Make-up«, den traditionellen *Thanaka*-Streifen auf den Wangen. Die Paste aus der Rinde des *Thanaka*-Baums soll vor der Sonne schützen und ist inzwischen auch Teil des modernen Myanmar-

Stils geworden. Nilar sitzt auf dem Sofa im großen Wohnraum der elterlichen Wohnung und blickt zu ihrem Vater, der etwas abseits an seinem Schreibtisch arbeitet. »Ich hätte auch im Ausland bleiben können, aber ich bin zurückgekommen, um hier zu sein, um in meinem Land zu sein und meinem Land zu helfen«, fügt sie hinzu. Außerdem plant sie, bald zu heiraten und eine eigene Wohnung zu beziehen. »Ohne Trauschein geht das in Myanmar nicht«, sagt die junge Frau, die diese Einschränkung ohne Weiteres akzeptiert. Junge Leute in Myanmar leben nach traditionellen Regeln, solange diese nicht von Militärdiktatoren aufgestellt werden.

Nilar arbeitet als freie Journalistin und ist gut ausgebildet. Es ist eine spannende Zeit für sie in Rangun, allerdings noch keine Zeit, in der sie das große Geld verdienen kann. Journalisten in Myanmar bekommen monatlich umgerechnet zwischen gut vierzig und neunzig Euro – zum Leben reicht das nicht. Nilar allerdings winkt eine Festanstellung bei der renommierten englischsprachigen *Myanmar Times*. Und sie kann darauf hoffen, dass die weitgehend von der Zensur befreite Medienlandschaft bald auch höhere Gehälter zahlen kann, wenn erst die Werbeeinnahmen zu sprudeln beginnen.

Das Studium im Ausland beenden zu können wie Nilar, davon kann Thit Lwing Aung nur träumen. Er ist einundzwanzig und studiert im dritten Semester Wirtschaftswissenschaften an der Yangon University – einer Universität, die nur noch ein Schatten ihrer selbst ist, nachdem große Teile, ganze Fachbereiche nach den Studentenunruhen 2007 geschlossen wurden. »Es soll richtig losgehen hier an der Universität«, sagt der junge Student. »Ich glaube auch daran. Aber bisher hat sich noch nicht so viel geändert, wir warten noch darauf. Es geht nur langsam voran«, sagt Thit Lwing Aung. Im Hintergrund säuselt fröhliche Popmusik, ein Gegensatz zum ausgesprochen ernsten Gesicht des jungen Studenten. »Ja, ich will natürlich hier weiterstudieren«, ergänzt er noch, ohne zu lächeln, »obwohl der Standard niedrig ist und ich am Ende nicht weiß, was mir ein Abschluss bringt.«

Thit Lwing Aung sitzt in einer kleinen, aber sehr angesagten Bar in einem Stadtteil etwas am Rand Ranguns, einem Jugendtreff, der sich wohl bald gegen das Netz amerikanischer Starbucks-Filialen wird durchsetzen müssen.

Neben ihm wartet sein Freund Si Thu Maung, vierundzwanzig Jahre alt, auch Student, der sein Studium aber für Jahre unterbrechen musste. Si Thu Maung saß mehr als vier Jahre im Gefängnis, nachdem man ihn im Oktober 2007 während der Studentenproteste gegen das Militärregime verhaftet hatte. »Ja«, sagt er, »natürlich will ich mein Studium wieder aufnehmen.« Noch allerdings ist das nicht passiert, noch hadert Si Thu Maung mit seiner Zukunft und auch mit der Zukunft seines Landes – bei aller Begeisterung für die Reformen im Land. »Es ist schon viel erreicht worden«, meint der schmale junge Mann, der den landestypischen *Longyi* trägt, der auch bei der jungen Generation eine ernsthafte Konkurrenz zur weltumspannenden Jeans darstellt. »Aber es liegt auch noch viel vor uns, wir haben noch keine wirkliche Demokratie.« Man wird das Gefühl nicht los, dass auch vor Si Thu Maung noch viel liegt, viel Aufarbeitung der eigenen Geschichte. Der junge, freundliche Noch-nicht-wieder-Student hat noch nicht zurückgefunden in den Alltag Ranguns. Vier Jahre Gefängnis im Alter um die zwanzig, unter schlimmen Haftbedingungen, das steckt keiner mal eben weg.

Kyaw Thu Han hat große Pläne. Han, so sein Spitzname, sitzt nicht in der hintersten Ecke eines kleinen Jugendtreffs, sondern oben in der Skybar im zwanzigsten Stock des derzeit noch höchsten Gebäudes Ranguns in der Innenstadt, ganz in der Nähe des Scotts Market, den jeder Tourist kennt. Man hat einen schönen Blick auf die Shwedagon-Pagode und bekommt hier oben einen Eindruck, welche Möglichkeiten diese Sechs-Millionen-Einwohner-Metropole auch städtebaulich bietet. Fast kann man sehen, was in zehn Jahren aus ihr geworden sein wird. Han will mit seinen sechsundzwanzig Jahren nach Singapur gehen, um nach seinem Ingenieursstudium in Rangun – dieser Fachbereich wurde in den vergangenen Jahren nicht geschlossen – Praxis zu erwerben. Und endlich Geld zu verdienen. Er hofft zumindest, dass er es in Singapur aushalten wird, denn bisher hat er sein Land, nicht einmal die Metropole Rangun, noch nie verlassen. »Ich möchte mein Fachwissen endlich anwenden können.« Kyaw Thu Han kennt sich in der Schifffahrt gut aus. Sein Spezialgebiet ist die Konstruktion von Bohrinseln. »In Singapur passt das gut«, sagt er zuversichtlich und lächelt etwas verlegen. Er wird bei einer burmesischen Firma arbeiten, die sowohl den globalen Standort Singapur nutzt als auch die günstigen Arbeitskräfte aus Myanmar. Han hat einen Vertrag für zwei Jahre unterschrieben. »So lange werde ich es wohl aushalten«, glaubt und hofft er.

Danach möchte Kyaw Thu Han eine politische Karriere machen, später, wenn er genug Wissen gesammelt hat. Nur eines weiß er sicher, er wird in keine der bereits bestehenden Parteien eintreten. »Etwas Neues muss passieren«, sagt er und schaut durch die Panoramascheiben auf sein Rangun. Er wird es in den kommenden zwei Jahren vermissen, genau daran denkt er in diesem Moment, man kann es ihm ansehen.

Die *Myanmar Times* hat ihren Sitz in einem schicken, modernen Redaktionsbüro. Der Putz ist teilweise von den Wänden geschlagen, die rohen Ziegel verleihen Loft-Charme. Die *Myanmar Times* ist derzeit die einzige unabhängige englischsprachige Zeitung Myanmars und daher bedeutend. Die Jungredakteurin Nilar sitzt an einem Schreibtisch mit einem uralten Computer und testet ihren künftigen Arbeitsplatz. Sie weiß, was für ein Riesenglück sie hat.

»Myanmar ist derzeit nicht nur an der Regierungsspitze ein altes Land – keines für junge Leute jedenfalls«, sagt Nilar. »Das wird sich erst in zwanzig Jahren geändert haben«, fügt sie noch hinzu. Die junge Frau rüttelt an dem alten Windows-Rechner. Hochfahren lässt er sich trotzdem nicht.

»Es fehlt vor allem an Berufsperspektiven«,

meint Nilar, »und wer es erst mal ins Ausland geschafft hat, der kommt normalerweise nicht mehr zurück nach Myanmar.« Sie selbst sei da eine Ausnahme.

»Die jungen Menschen müssen an Politik interessiert sein, dann kann dieses Land zur Zeit sehr spannend sein«, entgegnet Wai Linn Phyo von der Gruppe Generation Wave. Generation Wave wurde vor acht Jahren gegründet, während der damaligen Studentenunruhen. Das Büro liegt in einer Seitenstraße in Rangun, nahe am Fluss. Man erreicht es durch ein Treppenhaus, das nicht beleuchtet ist, vor Schmutz starrt und im Vergleich den Aufgang zu Nilars Haus freundlich erscheinen lässt. Wai Linn Phyo will für mehr Bildung kämpfen, das sagt er immer wieder, grundsätzlich für ein neues Bildungssystem, das er allerdings noch nicht genau skizzieren kann.

Ko Pxyo will für gar nichts kämpfen. Er möchte möglichst schnell möglichst viel Geld verdienen und er verfügt über Kenntnisse, die sich zu Geld machen lassen. Ko Pxyo, der Endzwanziger mit den kupferfarbenen Haaren, so viel Kupfer, dass kein Zweifel besteht, dass sie gefärbt sind, ist Grafiker und arbeitet zur Zeit als Layouter bei einer der zahlreichen unabhängigen Zeitungen Myanmars. Er versteht sein Geschäft, liest aber nie in seiner eigenen Zeitung, wie er fast trotzig erklärt. »Politik«, sagt Ko Pxyo, »interessiert mich nicht.« Er will nur schnell weg, ins Ausland – nach Neuseeland vielleicht. Falls da jemand einen Grafiker aus Myanmar braucht.

Im GTR Club am Inya-See in Rangun tummeln

sich ganz viele Ko Pxyos. Junge Leute, die es zu etwas bringen wollen, mit Politik nichts am Hut haben und deren Portemonnaie prall genug ist, um viertausend Kyat, umgerechnet drei Euro, für einen kleinen Gin Tonic zu zahlen. In der Techno-Diskothek tanzen aber auch andere. Töchter und Söhne der *Cronies*, der Günstlinge des Regimes, die in den Jahren der Abschottung, vor allem in den vergangenen zwanzig Jahren der Sanktionen, Millionen gescheffelt haben.

Steven etwa. Steven hat drei Jahre lang in Australien studiert. Und er hat das Leben in Sydney genossen. Zurückgekommen ist er trotzdem. Weil es für solche wie ihn in Myanmar schon immer genug zu holen gab. Und nun stehen die Chancen noch besser. »Ich mache jetzt etwas mit Rohstoffen«, sagt Steven noch und schüttelt die vom Tanzen schweißnassen Haare, bevor er die kleine Raucherterrasse verlässt und zurück ins Dunkel der Disco geht, auch um sich dem Gespräch zu entziehen.

Und es geht noch ganz anders in Rangun. Fünfzehn Autominuten vom GTR Club entfernt liegt das Gebäude einer alten Textilfabrik. Auf neun Stockwerken wird hier Party gemacht, das ziemlich heruntergekommene Haus trägt nun den Namen Local Entertainment Plaza. Und ganz oben, im F9, im neunten Stockwerk also, tanzen und vergnügen sich Schwule und Transvestiten. Auch das ist in Rangun möglich, und das war es schon vor dem Beginn der Reformschritte in Myanmar. Eine Nische für die nicht zu bezwingende Subkultur gab es bereits zur Zeit der Militärdiktatur.

Nilar geht nie in Diskotheken. Es ist nicht ihre Welt. Und Geld hat sie für so etwas auch nicht. Zurück in der Wohnung ihrer Eltern, der schönen, großen in dem ziemlich heruntergekommenen Haus, dreht sie als Erstes an einem gusseisernen Rad. Die Stromspannung in Rangun schwankt wieder, sie ist gerade zu niedrig, um Kühlschrank oder Klimaanlage zuverlässig betreiben zu können. Mit dem Rad, das an die Verschlussvorrichtung eines alten U-Bootes erinnert, erhöht Nilar die Spannung wieder, um in der elterlichen Wohnung ein Mindestmaß an Komfort zu erhalten.

Klingende Münzen

Vom Glück des kleinen Aufschwungs

Soe Wie verkauft DVDs an der Anawyadar Road in Ranguns Innenstadt. Das hört sich ganz und gar normal an – ist es im Myanmar der politischen Reformen aber noch nicht lange. Denn der Neunundzwanzigjährige hat an seinem Straßenstand Raubkopien von Luc Bessons »The Lady« aufgetürmt, des Spielfilms über Aung San Suu Kyi.

Fünfhundert Kyat, nicht einmal vierzig Eurocent, kosten diese Kopien, offenbar ein akzeptabler Preis, schließlich verkauft der junge Straßenhändler nach eigenen Angaben rund vierhundert DVDs an einem Tag. Es liegt wohl auch am Inhalt der Silberscheibe. Die Menschen in Rangun wollen Aung San Suu Kyi. Wahrscheinlich würden sie auch tausend Kyat für eine Kopie des Luc-Besson-Spielfilms zahlen. Soe Wie könnte noch mehr Geld machen.

»Nein, das will ich gar nicht«, beteuert er, »ich tue das nur für Aung San Suu Kyi, das Geld spielt nur eine Nebenrolle.« Sicher eine ausgesprochen angenehme Nebenrolle, verdient Soe Wie doch mit seinen Filmen an einem Tag mehr als ein Lehrer oder ein Journalist in einem ganzen Monat.

Soe Wie ist nicht allein mit seiner Geschäftsidee: Anstecker werden angeboten, Poster aller Art mit Aung San Suu Kyi als »Covergirl« – die Frontfrau der Demokratiebewegung verkauft sich hervorragend, auch jetzt noch, nachdem sie die Wahlen gewonnen und ihre Partei die Regierung übernommen hat.

»Es ist gut, dass *Daw* Suu die Geschicke des Landes lenkt«, sagt der Neunundzwanzigjährige, der nebenbei immer mal wieder schnell eine DVD verkauft, »aber meine Lebensumstände werden dadurch nicht so schnell besser.« Das werden sie wohl eher durch die Ersparnisse, die Soe Wie angehäuft haben wird, wenn er noch einige Wochen oder Monate so weitermacht mit dem DVD-Handel.

Aber auch die, die wirklich gar nichts haben, reagieren ähnlich. Nae Mae Weh etwa an ihrem Marktstand in Dala, der bitterarmen Provinz auf der anderen Flussseite, gegenüber von Rangun. Eigentlich ist es kein Marktstand, den Nae Mae Weh vor sich hat, es ist eher ein fleckiges Tuch, das auf dem Boden liegt. Darauf getrockneter Fisch, in der Hitze eine olfaktorische Herausforderung.

Nae Mae Weh kennt natürlich Aung San Suu Kyi. »Ja«, sagt sie, »ich respektiere die neue Regierungschefin«, aber dass die Lady ihr persönliches Leben voranbringen könnte, das nimmt sie nicht an. Und ihr persönliches Leben müsste unbedingt vorangebracht werden, das weiß die Fischverkäuferin auf dem schmuddeligen Markt des Provinzfleckens Dala, keine zwanzig Kilometer von Rangun entfernt und doch in einer ganz anderen Welt gelegen. Sie weiß es, und sie sagt es auch. »Ich kann kaum von dem leben, was ich hier verdiene«, erklärt die Frau unbestimmbaren Alters, die seit einer

Krankheit im Kindesalter auf einem Auge blind ist, »ich komme überhaupt nur über die Runden, weil mir mein Bruder immer wieder etwas zusteckt.« Und gesundheitlich geht es ihr auch nicht gut, täglich am frühen Nachmittag räumt sie ihr Tuch mit dem noch unverkauften Fisch zusammen, sie ist dann zu erschöpft, um weiterzumachen.

Aber auch hier in Dala ist etwas auffällig. Nae Mae Weh und die anderen Händler auf dem Markt sind grundsätzlich bereit, ihre Meinung zu sagen, sich einem Fremden anzuvertrauen. Das ist alles andere als selbstverständlich nach fünfzig Jahren Diktatur. Niemand hier hat in seinem Leben Meinungsfreiheit genossen. Das erklärt auch die Formulierung »Aung San Suu Kyi zu respektieren«. Respekt zu bekunden war schon länger erlaubt, wenn auch nicht gern gesehen und gehört, nur von Unterstützung durfte man lange Jahre nicht ungestraft sprechen.

Dala, die Provinzstadt im Irrawaddy-Delta, ist mit einer regelmäßig pendelnden, in Berufsverkehrszeiten heftig überladenen Fähre zu erreichen. Süßigkeiten werden auf dem Rostkahn angeboten, getrocknete Nudeln als Futter für die dem Schiff folgenden Möwen – ein sympathisch unsinniges und tierliebes Angebot in Zeiten eigener Not –, und natürlich gibt es auch hier alle denkbaren Devotionalien der Demokratiebewegung.

Aber es gibt keine Brücke über den Fluss, deswegen wachsen die Welten hier nicht zusammen. Deswegen sind die Großstädter Ranguns und die Provinzler Dalas so unterschiedlich und so leicht zu unterscheiden. In einem allerdings sind die Menschen in Dala denen in Rangun voraus. Sie dürfen Moped und Motorrad fahren, sofern sie sich das leisten können. Zumindest können sie sich einen Platz auf der Sitzbank eines Mopedtaxis kaufen. In Rangun selber sind Mopeds und Motorräder seit Langem aus Angst vor Attentaten, aus Angst vor Sprengsätzen, die vom vorbeiknatternden Zweirad geworfen werden könnten, und wegen der Angst eines Generals, bei einem Motorradunfall ums Leben zu kommen, verboten. Was den westlichen Besucher der Sechs-Millionen-Einwohner-Stadt freut, ist für den Berufspendler kein Vergnügen.

Thao Thin fährt Fahrrad und das bleibt auch so. In einer Seitenstraße neben dem großen Touristenmarkt steht er mit seinem Rad, auf dessen Gepäckträger ein großer Vogelkäfig befestigt ist, und wartet auf Kunden. Diese kaufen für tausend Kyat, knapp einen Euro, drei seiner Vögel, nur um sie dann auf der Stelle freizulassen. »Das bringt Glück«, sagt Thao Thin, »und ist das bisschen Geld allemal wert.« Dreimal Glück für tausend Kyat, das ist selbst in Myanmar ein guter Kurs – und Thao Thin muss dabei auch nicht draufzahlen. Die zahmen, kleinen rotbraunen Vögel kehren nach einer entspannten Runde unter der Sonne Ranguns wieder in ihren Käfig zurück. Sie bilden das südostasiatische Pendant zur guten deutschen Brieftaube. Thao Thins Geschäft ist saison- und demokratieunabhängig, so hofft er jedenfalls. »Glück«, sagt er, »kann man immer gebrauchen.«

Keine hundert Meter Luftlinie entfernt steht Ko

Shwe Htaay Maung in einem kleinen Ausstellungsraum vor seinem Lieblingsbild. Ko Shwe Htaay Maung ist seit Langem Künstler in Myanmar und hat sein Lieblingskunstwerk selbstverständlich selbst geschaffen. Es zeigt eine Wand, an der mehrere Steckdosenverteiler hängen, Kabel ziehen sich wirr über den Putz, hin zu Glühbirnen, von denen manche leuchten, andere nicht. Ein typisches Treppenhaus in Rangun, etwas wenig Schimmel vielleicht, denkt der unbedarfte Betrachter. Der Künstler selbst sieht es anders. Ihm geht es um die Lebensverbindungen, die nie unterbrochen sein dürfen, um Mensch bleiben zu können.

Das Gemälde ziert das Cover des schmalen Ausstellungskatalogs der Myanmar Traditional Artists and Artisans Organisation – und es soll stolze dreitausend Dollar kosten. Ko Shwe Htaay Maung, der Künstler mit dem schütteren Haar und deutlich in der zweiten Lebenshälfte, reagiert damit auf den sich verändernden Markt. Er möchte endlich einmal Geld verdienen, mit dem, was er kann und dem, was er tut. Und er hat bisher viel getan. Die Ausstellung ist umfangreich, ähnlich umfangreich wie die Stile, in denen er malt. Das hänge immer von seiner Stimmung ab, sagt Ko Shwe Htaay Maung. Drei- bis fünfhundert US-Dollar kosten die meisten dieser Stimmungsbilder.

Vor allem aber erwartet er, ab jetzt unzensiert arbeiten zu können. »Das nämlich war in den vergangenen Dekaden nicht möglich«, sagt er und zeigt auf eine großformatige Stadtansicht. Zwischen den Gebäuden an den Straßenrändern Ranguns stehen immer wieder haushohe Myanmar-Bierflaschen. Ko Shwe Htaay Maungs Art der Konsumkritik und wohl nicht sein gelungenstes Bild. Lange Zeit aber war es ein verbotenes Bild, und deshalb ist es dem Künstler heute lieb und teuer.

Lange Zeit verbotene Bilder, verbotene Fotos sind es auch, die U Tchais Zeitungen, die er vor sich am Straßenrand ausgebreitet hat, für die Käufer so interessant machen. Eigentlich sind seine Zeitungen ihr Geld nicht mehr wert. Sie sind eine Woche alt, Schnee von gestern, »Yesterday's Papers«. Wer will dafür schon etwas bezahlen? In Rangun wollen das ziemlich viele. Denn die Zeitungen von vergangener Woche sind günstig, zweihundert Kyat verglichen mit den fünfhundert Kyat für die aktuelle Ausgabe. Und eine Zeitung der Vorwoche ist immer noch sehr viel besser als das, was früher, bis vor fünf Jahren, im Myanmar der Diktatoren zu lesen war. Es gibt Fotos von Aung San Suu Kyi genauso zu sehen wie Schnappschüsse eines Fotoreporters im Norden des Landes, der seine Kamera dabeihatte, als die Polizei mit brutaler Gewalt ein Protestcamp von Bauern räumte, mit dem diese Entschädigungen für enteignetes Land erzwingen wollten. Nichts bleibt mehr verborgen. Für zweihundert Kyat, wenn die Nachrichten eine Woche alt sind, für nur hundert, wenn die Ausgabe von vor zwei Wochen genügt.

U Tchai ist zufrieden mit seinen Geschäften und seinem Leben. So zufrieden, dass er kaum einen Wunsch für die Zukunft zu formulieren weiß. Eines interessiert ihn aber doch: »Bald wird es täglich Zeitungen geben, nicht nur einmal in der Woche. Ich bin gespannt, was das für mein Geschäft bedeutet. Ich habe dann ja viel mehr Auswahl.«

In der Provinz Dala sind die Straßen schlecht. In Bagan, mehrere Hundert Kilometer von Rangun entfernt, dort, wo auf vielen Quadratkilometern bis zu tausend Jahre alte Tempel stehen, die wiederum Tausende Buddha-Statuen beherbergen, gibt es zum Teil gar keine Straßen. Nur staubige Sand- oder Schlammwege. Je nach Jahreszeit. Obwohl Bagan schon zu Zeiten der Diktatur der Hauptanziehungspunkt für die wenigen Touristen war, die das geknechtete Land mit einem Besuch beehrten. Und obwohl Bagan jetzt sicher einen grandiosen Aufschwung zum Urlauber-Hotspot nehmen wird. Noch aber ist es relativ ruhig, noch hat Win Nih Tu Tu Zeit, in seinem Laden über sein Leben zu plaudern. Win Nih Tu Tu verkauft in fünfter Generation *lacquerware*, lackierte Dosen, Teller, Kelche. Nicht einfach mal eben so lackiert, sondern in einem aufwendigen Verfahren und per Handarbeit mit bis zu fünfundzwanzig Schichten Lack überzogen. Win Nih Tu Tus Großvater wurde 1972 im *National Geographic* vorgestellt, einem Magazin mit wunderbaren Fotostrecken. Das hat ihn damals, mitten in den schlimmsten Zeiten der Diktatur, davon überzeugt, dass das Geschäft mit der *lacquerware* eine Zukunft hat. Win Nih Tu Tu hat die Ausgabe des Magazins in Plastikfolie eingeschlagen in seinem Laden liegen. Zum Vorzeigen. Zum stolz Sein. Sollten bald die Käufermassen anrollen, dann wird es um das schon sichtlich angegriffene Blättchen bald geschehen sein.

Das Grundmaterial für die lackierten Kunstwerke in Win Nih Tu Tus Laden ist Bambus. Zum Härten sind dann die vielen Schichten Lack notwendig. »Erst ab zwanzig Schichten Lack ist ein Teller beispielsweise richtig haltbar, sodass man ihn problemlos nutzen oder abwaschen kann, ohne dass er zerbricht«, sagt der hagere Kunsthandwerker, der gerade seinen vierzigsten Geburtstag gefeiert hat. Die Farben, erklärt er noch, würden ausschließlich von der Gegend rund um den Inle-See geliefert. Der Inle-See ist ein Binnensee nicht weit von Mandalay, gleich nach Bagan der Ort, der in Zukunft wohl Touristen in Massen anziehen wird.

Die Orte am Inle-See sind buchstäblich auf Wasser gebaut. Auf Stelzen stehen die Häuser in dem flachen Binnensee, die Dorfbewohner sind mit kleinen Ruderbooten unterwegs. Mit diesen Booten fahren sie auch in ihre Gärten, um die Felder zu bestellen. Auf schmalen Erdwällen stehen hier die Pflanzen, dazwischen kleine Kanäle für die schwimmenden Bauern. Und auch der Weg zur Arbeit wird per Boot erledigt. Etwa in die Weberei, die damit wirbt, Schals nicht nur aus Seide, sondern auch aus Lotusfasern zu zaubern. Nae Weh Ah ist der Manager. Er erhofft sich viel von der näheren Zukunft. »Wenn unsere Kunden bald mit Kreditkarte zahlen können, dann wird sich unser Geschäft deutlich verbessern«, nimmt er optimistisch an. Er mag recht haben. Die Schals oder Hemden kosten umgerechnet zwischen dreißig und hundert Euro. Summen, die bei Kartenzahlung weniger auffallen.

Die ganze Region am Inle-See lebt vom Tourismus. »Bestimmt zweitausend Menschen sind direkt vom Tourismus abhängig«, sagt Khun Htun Oo; »und dazu kommen die vielen, die den Urlaubern etwas verkaufen und damit ihr Geld verdienen.« Khun Htun Oo managt eine kleine Agentur, die Golden Island Cottages Group, die für den Individualreisenden alles organisiert. Vom Fahrrad über das Boot bis hin zum Hotelzimmer oder der Bestätigung der Flugzeit. Khun Htun Oo merkt daher schon jetzt, dass die Zeiten besser werden. Im Tourismussektor Myanmars sind die Erwartungen an die nahe Zukunft am größten, und wahrscheinlich werden sie hier auch am wenigsten enttäuscht. Die Reisenden mit ihrem Interesse, nicht zu spät zu kommen, nicht erst dann, wenn alle anderen schon da waren und die Pfade ausgetreten sind, sind bereits unterwegs und ihre Zahl nimmt zu.

Die Einkommensquelle von Swe Swe Mieh dagegen kann nur als vorübergehend gelten. Die Frau Mitte dreißig steht an einer Straßenkreuzung in Rangun. Genau genommen steht sie mitten auf der Straße, gegen die Sonne mit einem Tropenhelm aus Bastgeflecht geschützt, und hält ihr Angebot an die Scheiben der bei Rot anhaltenden Autos. Ihr Angebot umfasst einige Wochenzeitungen, vor allem aber schmale, gebundene Ausgaben des »Foreign Investment Law«, des Investitionsgesetzes, das vom Parlament Myanmars beschlossen wurde, um Investoren und damit Geld ins Land zu locken. Das Gesetz soll Rechtssicherheit bieten. Erst einmal bietet es auf fünfzehn knappen Seiten eine Art Willensbekundung an. Ja, wir wollen, dass ausländische Unternehmen in Myanmar investieren, ist da zwischen den Zeilen zu lesen. Wie das gehen soll, steht letztlich nicht in dem Heft. Und Swe Swe Mieh kann dazu auch nichts sagen. »Ich kann doch gar nicht lesen«, erläutert sie fast amüsiert. »Ich schaue nur immer, ob etwa ein Ausländer in einem Taxi sitzt und dann biete ich das Heft an.« Der Gesetzestext ist bei ihr in englischer Sprache erhältlich, aber auch in burmesischer. Wer den burmesischen Text kaufen soll, kann Swe Swe Mieh nicht sagen. Sie versucht trotzdem, ihn loszuwerden. »Mein Mann ist krank und kann nicht arbeiten. Wir haben zwei Kinder und ich bin die Einzige, die etwas Geld verdient, umgerechnet etwa drei Euro am Tag«, sagt Swe Swe Mieh noch und muss dann zurück auf die Straße.

Sauber verdient

Der Charme der weißen Weste

Im schwarzen 911er fährt Serge Pun die Auffahrt des Ritz Carlton in Singapur hinauf. Maßschuhe, teure Uhr, Mont-Blanc-Füllhalter in der Brusttasche bestellt der Dreiundsechzigjährige später auf der Club-Etage eine Tasse Tee und warmes Wasser – Pun könnte ein ganz normaler asiatischer Millionär sein. Ist er aber nicht. Serge Pun ist das Leitbild der Wirtschaft im neuen Myanmar, der wichtigste Geschäftspartner ausländischer Investoren. Denn Pun hat einen Vorteil: Er ist sauber.

Kein Land Asiens entwickelt sich so explosiv wie Myanmar nach dem Abtritt der Militärjunta. Und doch ist Myanmar ein Land im Wartestand. Denn die Öffnung muss weiter vorangetrieben werden, auf breiteren Füßen stehen. Bislang profitiert nur die Elite in der Wirtschaftsmetropole Rangun vom Wirtschaftswachstum, das die Unternehmensberatung McKinsey über Jahre hinaus auf mehr als acht Prozent schätzt – wenn weitere Reformen greifen. »Die Grundlage für alles ist Friede. Aber Friede allein wird nicht nachhaltig sein, wenn die Wirtschaft sich nicht aufwärts entwickelt, wenn der Lebensstandard der normalen Menschen sich nicht rasch bessert«, sagt Pun.

Schon als Kind kam er nach Hongkong, überbrückte später dort und in Festlandchina die Zeit des Militärregimes in seiner Heimat. Mit leeren Händen begonnen, lernte er von einem deutschen Investor das Immobiliengeschäft. Heute baut Pun mit seinem in Singapur und Stuttgart börsengehandelten Unternehmen Yoma Strategic Holdings Hotels und Einkaufszentren, Wohnungen und Luxusvillen rund um Rangun. Als erstes – und über Monate einziges – Unternehmen wurde Yoma an der neu eröffneten Börse in Rangun gehandelt. Zudem hält das Unternehmen Lizenzen, die von Bankgeschäften bis zum Autohandel, etwa für Volkswagen, reichen. Der Multimillionär selber pendelt zwischen der Finanzmetropole Singapur und Rangun.

»Wir sind ökonomisch betrachtet auf einem guten Weg. Die Reformen, die der damalige Präsident Thein Sein seit Anfang 2012 vorangetrieben hatte, greifen«, sagt Pun. Die Auslandsinvestitionen nähmen zu, Sonderwirtschaftszonen entstünden, Banken kämen ins Land. »Aber wir müssen jetzt sehr schnell die Infrastruktur ausbauen«, sagt Pun. »Und dies auch in den entlegenen Gebieten im Norden, wo die ethnischen Minderheiten leben, sonst wird es keinen Waffenstillstand geben.«

Nach dem Putsch im Nachbarland Thailand wachsen Befürchtungen, dass auch in Myanmar das Militär wieder die Herrschaft übernehmen könnte. »Das burmesische Volk will Neues, will Reformen, und das in allen gesellschaftlichen Feldern, im Beamtentum, ja auch im Militär. Das autoritäre Regime hat uns Armut und Elend gebracht. Es war zu hundert Prozent schlecht. Es hat aus einem reichen Land eines der ärmsten der Welt gemacht. Unsere Industrie und Produktivität vernichtet. Die Menschen wollen es nicht zurückhaben«, macht Pun klar. Und fügt dann an: »Wir müssen aber aufpassen, nicht in eine Anarchie abzugleiten. Denn wir führen Demokratie in einer Geschwindigkeit ein, bei der wir nicht sicher sein können, ob die Bevölkerung schnell genug ausgebildet werden kann, um ihren Teil der Verantwortung zu übernehmen.«

Dennoch ist er Optimist: »In fünfzehn Jahren könnten wir Thailand überrunden. Wir haben unseren Öffnungsprozess mit sozialen Reformen begonnen. Gelingt es uns, unsere Volkswirtschaft auf eine breite Basis zu stellen, wird unser Land sehr rasch wachsen.« Thailand ist mit sechzig Millionen Einwohnern nur etwas größer als Myanmar, aber die zweitgrößte Volkswirtschaft Südostasiens. In den letzten Jahren der Diktatur bis 2011 hatte der große Nachbar China enormen Einfluss auf das Myanmar der Generäle. Heute flammt immer wieder Widerstand gegen chinesische Großprojekte wie Minen oder Staudämme auf. »Die Burmesen hatten niemals Probleme mit den Chinesen. Problematisch waren die letzten zehn Jahre, als China aufgrund der Sanktionen des Westens der einzige ausländische Partner Myanmars war. Die Chinesen haben vieles falsch gemacht, sie haben nicht investiert, sondern Geld gemacht. Das lehnten die Menschen ab.«

Nun klopfen ausländische Investoren immer lauter an. Wichtig für sie ist die Nachhaltigkeit der

Demokratisierung. Ein Prüfstein dafür wird die Rolle sein, die Aung San Suu Kyi als Chefin der Regierung spielt. »Sie ist das wunderbar strahlende Licht unseres Landes und wird es bleiben«, sagt Pun mit unüberhörbarer Bewunderung. »Aber ich bin etwas in Sorge, dass dieses Licht an Kraft verliert, wenn sie politische Entscheidungen trifft und dafür Rechenschaft ablegt. Sie darf aber ihre Strahlkraft niemals verlieren.« Aber hätte sie nicht Präsidentin werden müssen? War dies nicht das letzte fehlende Signal an den Westen? »Es ist leicht und billig für Politiker in anderen Ländern oder Menschenrechtsgruppen im Ausland, ihre Meinung laut zu äußern. Sie sind nicht die Menschen, die am Ende leiden. Wir in Myanmar aber haben keinerlei Vorstellung davon, wie unser Land geführt wird, nachdem die NLD die Macht übernommen hat. Es gibt von ihr keine klare Äußerung.« Und dann warnt Pun vor Vereinfachung: »Manche amerikanischen Politiker sagen, wenn Aung San Suu Kyi Präsidentin wäre, herrschte in Myanmar Demokratie. Wenn nicht, dann nicht. Das ist viel zu simpel.«

Zu einfach ist ihm auch das Schwarz und Weiß in der Beurteilung der Unternehmenslandschaft. Eliten aus den Zeiten der Diktatur spielen immer noch eine starke Rolle. Myanmar hat nie einen klaren Schnitt gemacht – wer damals reich war, ist heute reicher. »Aber heute ist es schon viel ausgeglichener. Manche der Mächtigen von damals haben noch Macht. Aber jetzt müssen sie sich dem Wettbewerb stellen. Und plötzlich zeigt sich: Sie können nicht mithalten. Ihr Erfolg fußte einzig auf Vetternwirtschaft.« Aber kann Pun, der frühere Flüchtling, mit diesen *Cronies* zusammenarbeiten? »Auf sozialer Ebene habe ich damit keine Probleme.« Aber wie unterscheidet einer wie Pun, wer in diesem Dickicht aus Abhängigkeiten und Gefälligkeiten in einer sich auflösenden Diktatur gut, wer böse ist? Pun antwortet rasch: »Die Antworten auf zwei Fragen machen den Unterschied: Erstens: Haben sie das Land geplündert? Und zweitens: Haben sie das Land geplündert und ihren Gewinn mit jenen geteilt, die ihnen das erlaubt hatten? Wenn es zweimal Ja heißt, müssen sie auch heute dafür zahlen. Aber viele stehen auf der Schwarzen Liste, weil sie überhaupt keine andere Wahl hatten, als sich mit dem Militär gut zu stellen.«

Der Geschäftsmann Pun, der mit Millionen jongliert und unter schwierigsten Bedingungen ein börsennotiertes Unternehmen zum Erfolg führen muss, lässt keinen Zweifel daran, immer wieder verlockende Angebote bekommen zu haben. »Der Druck war und ist immer da. Korruption ist doch der einfachste Weg. Weil wir uns immer weigerten, wussten wir in den dunklen Jahren zwischen 2005 und 2010 nicht, ob wir am nächsten Tag überhaupt noch als Firma existieren würden. Erst heute ernten wir die Gewinne, weil wir damals hart geblieben sind.«

Handeln ohne Gnade

Jade, Mohn und Gier

Hla Hla trägt eine goldene Dollarmünze um den Hals, einen Goldgürtel um die Hüfte. In Deutschland würde man ihn vielleicht für den Gigolo einer Bahnhofsbar halten. Auf dem Jademarkt in Mandalay aber ist Hla Hla eine große Nummer. Unter seinem schäbigen Holztisch steht eine Metallbox. In ihr lagert Jade für Tausende von Dollar. Hla Hla, der Zwischenhändler, thront auf einem Plastikschemel, eine Taschenlampe zum Durchleuchten der Steine liegt vor ihm. »Ich bin zehn Jahre im Geschäft«, sagt er. Seine Zähne sind dunkelbraun vom Kauen der Betelnüsse. »Was hier bei uns zehntausend Dollar kostet, bringt in China zwanzigtausend Dollar.«

So einfach ist die Rechnung von Hla Hla. Jade macht reich. Denn in China macht sie schön. Aus Jade werden königliche Geschmeide gefertigt, jahrhundertelang war der grüne, blassgrüne, weißliche, rötliche oder gelbe Stein wertvoller als Gold. 2014 wurde eine einfache Kette aus siebenundzwanzig Jadeperlen nach einem Bietergefecht in Hongkong für gut siebenundzwanzig Millionen Dollar verkauft.

Und deshalb gehen in Myanmar seit Jahrhunderten viele über Leichen, um an Jade zu kommen.

Das große Geschäft machen nicht Hla Hla und die anderen auf dem Markt. Das große Rad drehten in den vergangenen Jahrzehnten die Militärs und ihre Kumpane, die die Hände auf den Minen hielten. Und ihre Mittelsmänner, die Jadebrocken im großen Stil verhökerten. Aber auch die Kommandeure der Ethnien im Nordosten haben ihre Finger im Jadegeschäft. Denn die großen Vorkommen liegen im Wa-Staat, im Reich der Kokang und ganz oben im Norden des riesigen Landes, im Kachin-Staat. Schon immer war die Jade das Faustpfand im ethnischen Konflikt Myanmars.

Längst aber ist sie auch eines der großen Probleme, das die neue Regierung unter Führung von Aung San Suu Kyi lösen muss. Wohl um ein Zeichen zu setzen, ließ noch die Regierung der Militärs in ihren letzten Wochen ein paar hochrangige Beamte feuern, weil diese illegal schweres Gerät wie Bagger und Minenlastwagen aus China eingeführt hatten, um Jade in Hpakant im Kachin-Staat abbauen zu lassen. Das Eingreifen ist ein Novum für Myanmar: Über Jahre konnten die Minenbesitzer im Norden des Landes schalten und walten, wie sie wollten. Sie bereicherten sich in unvorstellbarem Maße, während die Arbeiter litten. Gemeinsam mit den Chinesen bildeten sie eine Mafia, um die begehrte Jade außer Landes zu schaffen – so wie etwa auch das wertvolle Teakholz.

Auch die Käufer auf dem Markt von Mandalay sind meist Chinesen oder deren burmesische Mittelsmänner. Es ist wie zocken: Sie kaufen einen Stein, der von einer Seite das milchige Grün zeigt.

Dann kommt er zum Schneider, der ihn öffnet. Nun heißt es gewinnen oder verlieren. Hla Hla hatte heute Glück: Er hat einen kieselsteingroßen Klumpen betastet, mit der Taschenlampe durchleuchtet. Dann war er sich sicher. Fünftausend Kyat hat er für ihn bezahlt, ist dann zu U Kyaw Min, dem Steinschneider gegangen. »Ich muss sehr sorgfältig arbeiten«, sagt Zin Ko Oo, der Schleifer. »Ich hatte schon mal einen Brocken für hunderttausend Dollar hier. Wenn ich den falsch schneide, lande ich im Gefängnis.« Mit dem Steinklumpen von Hla Hla läuft alles gut. Er öffnet sich und schimmert grün. »Den verkaufe ich jetzt für dreißigtausend Kyat an einen Chinesen«, sagt Hla Hla. Tausend Kyat, gut siebzig Eurocent, zahlt er an Zin Ko Oo. »Ich habe einen so guten Riecher für Jade, dass ich damit im Monat leicht dreihunderttausend Kyat mache«, sagt Hla Hla, weil er in Angeberlaune ist. Über den Grenzort Muse weiter oben in den Bergen transportieren die chinesischen Einkäufer ihre Schätze in die Heimat, wo Schmuck aus der Jade gefertigt wird. Das sind die kleinen Fische. Die großen mieten Hotelräume im Garden-, dem Nylon-, oder dem ET-Hotel in Mandalay. Dort werden dann Millionen von Dollar für das Grüne Gold verschoben.

Es geht um sehr viel Geld und Menschenleben. Ende 2015 veröffentlichte die Nichtregierungsorganisation Global Witness einen Bericht, in dem sie vorrechnet, dass der Jadehandel Myanmars einen Wert von einunddreißig Milliarden Dollar im Jahr erreicht. Das ist ein unglaublicher Wert, nicht nur weil er rund die Hälfte der gesamten Wirtschaftsleistung Myanmars ausmacht. Sondern auch, weil er zum ganz überwiegenden Teil illegal erzeugt wird. Die abgetretene Regierung wies zuletzt einen Wert von nur einer Milliarde Dollar für das Jadegeschäft im gesamten Land aus.

Was romantisch klingen mag, ist alles andere als das. Das Geschäft mit der Jade ist tödlich. Es geht Hand in Hand mit dem Missbrauch von Drogen, illegaler Prostitution, mit Korruption und Vetternwirtschaft. Fast jeder in den Jademinen hat schon Rauschgift genommen, um die Schmerzen zu betäuben. Auch in den Dörfern ist der Konsum seit Jahrzehnten Normalität. Auch wenn die neuen Drogen, die Amphetamine, das *Yaa Baa,* in Bangkoks Diskotheken, von den übermüdeten Arbeitern auf den Baustellen, von Huren, Werbegrafikern oder Polizisten von Thailand bis China längst viel häufiger genommen werden – Opium bleibt das Symbol der Sucht. Sein Ruf klebt so zäh an den Menschen im Norden Myanmars wie der schwarze Brei selbst an den Fingern. Wollten sie ihn loswerden, müssten sie den Anbau von Mohn ausrotten.

Seit 2005 aber stieg der Anbau des Grundstoffs der Drogen in Südostasien um mehr als das Doppelte. Das Goldene Dreieck Myanmar, Laos und Thailand ist das zweitgrößte Opiumanbaugebiet der Welt nach Afghanistan, Pakistan und dem Iran. Seit Jahrhunderten wird in Myanmar Mohn gepflanzt und Opium gewonnen. Unterstützt von den britischen Kolonialherren, im Kalten Krieg gefördert von westlichen Geheimdiensten im Kampf gegen den Kommunismus, war es über Jahrzehnte Haupteinnahmequelle der Rauschgiftbarone im Goldenen Dreieck. Myanmar ist nach Afghanistan das zweitgrößte Lieferland der Erde. Als Opium liegt die Substanz aus den Kapseln der Mohnpflanze auf den Basttischchen der Markthändler im Norden des Landes. Als Heroin landet sie in den Venen der Süchtigen in den Metropolen der Welt.

Über Jahrzehnte verdienten die ethnischen Minderheiten neben dem Jade- auch mit dem Drogenhandel hier das Geld, das sie für Waffenkäufe brauchten. Sie verfügen über stramm geführte Armeen, die das Regime in Rangun und später Naypyidaw bekämpften. Hoch im Norden, in den entlegenen Bergen an der chinesischen Grenze, bestimmen Tarnanzüge, Turnschuhe und Karabiner das Bild. Die Älteren haben russische oder chinesische Maschinenpistolen, die Jüngeren tragen Holzgewehre. Vielleicht sind die Rekruten zehn, vielleicht zwölf Jahre alt. Kindergesichter, bemalt in den Tarnfarben des Dschungels. Der Anbau von Schlafmohn dient als Quelle der Finanzierung der Armeen. Selbst heute, bei weitgehender Waffenruhe, lebe noch jedes dritte Dorf im Norden des Landes vom Opium, berichtet das Büro für Drogen und Verbrechen der Vereinten Nationen (UNODC). Gut fünfundvierzig Prozent der Bauern gaben noch 2012 an, den verbotenen Anbau zu betreiben, da sie das Geld für den Kauf von Lebensmitteln brauchten.

So wie die alte Bäuerin Na Pha, die seit ihrer Geburt im Dörfchen Nam Maung Tai im Nordosten des Landes lebt. »Vergangenes Jahr haben wir 3,6 Kilo Opium geerntet, rund fünfhundert Dollar eingenommen. Dafür haben wir Reis und Medizin gekauft, ein paar Kleider für die Kinder. Haben wir keine Ernte, können wir nichts mehr kaufen – ohne Mohn haben wir nichts, womit wir Geld verdienen könnten.« Na Pha sitzt auf einem Lehmbrocken ihres ausgedörrten Ackers. Ihre drei Enkel rangeln um eine Plastikpistole, ein »Superflugzeug« aus China, eine tote Libelle. Die Kuhglocken läuten, eine Kapelle der Baptisten steht auf dem Berg, eine heilige Stätte der Animisten liegt gegenüber. Doch die Idylle in Nam Maung Tai trügt. Die Menschen im Norden Myanmars leben weiter unterhalb des Existenzminimums von zwei Dollar täglich. Nang Yee Noon, Dorfvorsteher im benachbarten Wan Lone, sagt: »Wir hatten schon viele Krisen hier. Aber wenn wir kein Opium mehr anbauen dürfen, werden wir hungern. Unsere Menschen werden leiden. Es bleibt uns nur, dass wir zusammenhalten und härter arbeiten als je zuvor.«

Noch höher im Norden hilft auch das harte Arbeiten nichts – der Boden ist zu mager, die Luft zu trocken, um Reis anzubauen. Es bleibt Mohnanbau als einzige Einnahmequelle. Oder das Weiterziehen gen Süden – in die Jademinen, oder über die Grenze nach Thailand, um sich dort zu verdingen. Rund eine halbe Million Menschen wird jährlich illegal über die burmesischen Grenzen geschleust; die meisten nach Thailand, viele nach China. In den Nachbarländern versuchen sie, sich als billige Fabrikarbeiter durchzuschlagen, werden in der Fischerei ausgebeutet, zwangsverheiratet oder zur Prostitution gezwungen. Im Dorf Kawt Ka Lway in der Kayin-Region haben achtundvierzig von fünfzig Familien Kinder, die in Thailand arbeiten. An die Alten im Dorf können sie rund hunderttausend Kyat, gut siebzig Euro im Monat schicken. Davon leben die meisten hier. »Die neue Regierung muss uns unbedingt Arbeitsmöglichkeiten verschaffen, damit unsere Kinder nicht mehr über die Grenze müssen«, sagt Mu Naung. Die Einundsechzigjährige fühlt sich allein: Alle vier Kinder und ihr Mann schuften in Thailand.

Jeder hier kennt Geschichten des Elends. Khin Than Htwe, früher Dozentin für Chemie an der Universität, heute Menschenrechtlerin in einer Organisation in Kayin, die von der Europäischen Union gefördert wird, berichtet von zwei siebenjährigen Kindern, die entführt und zur Arbeit in einem Restaurant gezwungen wurden. »Wir glauben nicht an die Polizei«, sagt die mutige Achtundfünfzigjährige. Sie trägt gelbe Plastikrosen im Haar, die ihren Dutt halten. »Wir hätten den Polizisten mindestens fünfzigtausend Kyat zahlen müssen, damit sie nach den Kindern suchen.«

Die Hehler und Schmuggler sind oft dieselben, die auch Opium und andere Drogen aus Myanmar hinausschmuggeln. »Myanmar muss einen großen Sumpf trockenlegen«, heißt es bei den Vereinten Nationen. Sie schätzen, dass allein der illegale Menschenhandel im Goldenen Dreieck ein Volumen von dreiunddreißig Millionen Dollar jährlich ausmacht. Er führt zu »sexueller Ausbeutung, zu heimischer Dienerschaft, Zwangsheirat, Zwangsarbeit, der Erpressung durch Inanspruchnahme (überzogener) Kredite, Festsetzung, Gewalt und Folter«. Viele Burmesen aber lassen sich auch über die Grenze schleusen, weil sie in Thailand auf bessere Einkommensmöglichkeiten hoffen. Gut eine Million Burmesen sind dort als Gastarbeiter registriert, die Behörden rechnen mit mindestens einer weiteren Million illegal über die Grenzen gekommener Burmesen. Das Schleusen von Menschen bringt jährlich knapp zweihundert Millionen Dollar. »Der ganze Prozess ist mit Korruption verbunden. Bestechungsgelder werden an Grenzpunkten verlangt, entlang der großen Straßen und überall, wo Polizei eingebunden ist. Migranten berichten, sie hätten, um eine Festnahme zu vermeiden, zwischen gut sechs und zweihundert Dollar zahlen müssen. Einige Polizisten kassieren monatlich, andere sind als Schmuggler direkt beteiligt«, heißt es im Bericht der UNODC. Die Verbrechen hier sind eng miteinander verbunden – und nicht selten verdienen dieselben Gruppen daran. Es sind Polizisten und Militärs des alten Regimes, und es sind Rebellengruppen, die sich auch untereinander bekämpfen. Nichts ist in den endlos erscheinenden, entlegenen Regionen Myanmars so, wie es auf den ersten Blick wirkt. Gut und Böse verschwimmen. Der Waffenstillstand zwischen einigen der Aufständischen, die für die Unabhängigkeit ihrer Gebiete kämpfen, und der Tatmadaw, der burmesischen Armee, führt zu skurrilen Szenen: Da sitzen ein Rebellenführer in Badelatschen, Tarnhose und T-Shirt und ein imposanter Generalleutnant der Armee, der an jedem seiner fünf Finger einen Ring mit Edelstein und dazu eine goldene, mit Diamanten besetzte Rolex am Handgelenk trägt, bei einer Veranstaltung von Entwicklungshelfern Seite an Seite auf ihren roten Plastikstühlen. Später kritisiert der Kommandant der Rebellen, dass die Weltbank den Bau der ersten Straße in das entlegene Gebiet finanziert hat. Dank dieser buckeligen, staubigen Piste können die Dorfbewohner die Provinzstadt Hpa-an nun in gut sechs Stunden erreichen. »Wir mögen die Straße nicht. Über sie kann das Militär nun viel schneller zu uns vordringen«, sagt Nay Gay, der Anführer. Dann greift er zu seiner AK-47 und posiert für ein Foto. Und die Kinder in der Schule seines Dorfes sagen, sie wollten in die Separatistenarmee als Soldaten eintreten, wenn sie erst groß sind.

»Nie zuvor habe ich eine so komplexe Lage vorgefunden wie hier in Myanmar«, gibt in Rangun der Europäische Botschafter Roland Kobia zu Protokoll. Er sitzt in seinem Dienstzimmer im sechsten Stock eines Einkaufszentrums. Nur in Afghanistan gibt die EU in Asien mehr Hilfsgelder aus – rund hundert Millionen Euro jährlich. Der charmante Diplomat ist ein wichtiger Mann in Myanmar. Seine Stimme zählt. Und doch hat auch er keine Einschätzung, wie es mit Myanmar weitergehen, wie Aung San Suu Kyi vorankommen wird. Man kann nicht sagen, dem Belgier mangele es an Erfahrung: Er hat in Aserbaidschan gearbeitet, den Friedensprozess in zwölf Ländern am Horn von Afrika begleitet, war im Kongo stationiert. Doch die verwobenen Strukturen von Religion und hundertfünfunddreißig ethnischen Gruppen, Mafia und Mönchen, Rebellen und Militärs, Armen und Superreichen in Myanmar verblüffen auch Kobia noch nach Jahren im Land.

Dabei ist eines klar: Die breite Mehrheit der Menschen in Myanmar leidet. So wie die Umwelt. Bergzüge geben der Erosion nach, weil die Teakbäume geschlagen und das wertvolle Holz über die Grenze nach China oder Thailand geschafft wurde. In den Jademinen sprengen sich die großen Unternehmen ihren Weg zu den Adern mit Dynamit frei, häufen den Abraum ungesichert auf. Im Herbst 2015 starben mindestens hundertvierzehn Menschen, mehr als hundert blieben vermisst, als eine Halde ins Rutschen geriet. Weitere Erdrutsche folgten. Sie treffen die Armen, die im Abraum nach Resten suchen, die sich verkaufen lassen. »Die meisten hier leben von der Hand in den Mund. Sie sind mit diesem Leben zufrieden, weil sie hoffen, eines Tages reich zu werden. Deshalb lassen sie sich auf so gefährliche Arbeit ein«, sagt Saw Moe Myint, einer der früheren Direktoren des Minen-Ministeriums.

Erst nach Protesten und Streiks, die in früheren Jahren auch tödlich endeten, versprachen die Minenriesen im Februar 2016, kurz vor der Bildung der neuen Regierung, die Halden niedriger anzulegen und den verseuchten Abfall nicht länger einfach in Flüsse zu baggern. In Hpakant arbeiten rund achthundert Minenunternehmen mit einer Lizenz, dominiert wird das Geschäft aber von zehn großen Unternehmen. Zehntausende durchwühlen den Abraum auf gut Glück.

Auch die Menschenrechtsbeauftragte der Vereinten Nationen hat das schmutzige Geschäft mit dem Grünen Gold aufgegriffen: »Ein Feld, das der dringenden Untersuchung bedarf, ist die Industrie der Jademinen. 2015 haben siebenunddreißig Erdrutsche mehr als hundertfünfzig Menschen in Hpakant getötet«, heißt es unter Punkt 68 der Mahnschrift der koreanischen Juristin Yanghee Lee. Die Beauftragte der Vereinten Nationen fordert dringend mehr Informationen, auch weil sie helfen würden, die Korruption zu bekämpfen.

Von all den Forderungen und Mahnungen ist in der Schmuckwerkstatt von Linn Ko Linn auf dem Markt in Mandalay nichts zu spüren. »Wir können Jade einfach besser verarbeiten als die Chinesen«, sagt der Vierzigjährige. »Unsere Arbeiter hier fangen mit zehn Jahren an, und sie üben über zehn Jahre – dann erst beherrschen sie alle Feinheiten.« Sein Arbeiter Myat Tun Aung klebt die kleinen Jadeperlen mit Wachs auf Bambusstäbchen, um sie dann über Schleifsteinen erst zu glätten, danach zu polieren. Er macht sechshunderttausend Kyat, knapp vierhundertfünfzig Euro, im Monat, weil er für den Chef auch Schmuck entwirft. Das ist sehr gutes Geld in einem Land, in dem der gesetzliche Mindestlohn für achtundfünfzig Stunden Arbeit in der Woche in einer der immer zahlreicheren Textilfabriken bei fünfundneunzig Dollar (fünfundachtzig Euro) liegt. So kann er seine Frau und seine dreijährige Tochter durchbringen. Aus der Schublade seines Schreibtischs holt Linn Ko Linn eine Blechbüchse mit Preziosen. »Vor der Wahl war es besser, wir haben viel bessere Geschäfte machen können. Und die Chinesen haben bis vor zwei Jahren Jade selbst in ihren Appartements verbaut. Sie haben gekauft wie die Verrückten.«

Auch damit ist es nun vorbei. Denn während die Burmesen an ihrem illegalen Tun bald von der eigenen neuen Regierung gehindert werden, so werden die Chinesen von Peking ausgebremst: Dessen Kampf gegen Korruption und Verbrechen hat dazu geführt, dass auch die Bankkredite für die Jadeeinkäufer eingefroren wurden. Deshalb ist das Geschäft der Jademafia in Myanmar im Frühjahr 2016 praktisch zum Erliegen gekommen, noch ganz ohne größere Eingriffe der Burmesen selber. »Die chinesische Regierung hat die Kredite an die Jadeeinkäufer heruntergefahren. Die Großen von ihnen haben Partnerschaften mit den chinesischen Banken. Deshalb ist der burmesische Jademarkt vollkommen zusammengebrochen«, klagt U Soe Naing, Chef der Unternehmer der Edelstein- und Schmuckindustrie in Mandalay.

Burgen auf Sand

Leben auf der richtigen Seite

Morgens um sieben hockt Hla Hla Zan auf der Veranda auf einem Schemel. Mittags sitzen an diesem Tisch Touristen. Jetzt hat sie ein paar Bengel um sich geschart, in kurzen Hosen, T-Shirts und Badelatschen. Sie haben vergilbte Bücher vor sich liegen, Rhomben, Quader und Dreiecke sind darin abgebildet, der Satz des Pythagoras steht auf dem Programm. Denn im Htay-Htay-Restaurant unterrichtet die Lehrerin Hla Hla Zan die Strandjungen in Mathe.

»Sie müssen lernen, denn jetzt kommen die Ausländer. Wir müssen uns vorbereiten«, sagt sie. Das Htay-Htay-Restaurant, ein Holzbau auf Stelzen mit einem Dach aus Palmblättern, ist nach seiner Besitzerin benannt. »Htay Htay heißt reich, sehr reich. Ich werde bald Millionärin, vielleicht Milliardärin«, lacht diese. Zu einigem Wohlstand wird sie es bringen. Denn ihr Restaurant mit angeschlossenem Souvenirgeschäft liegt an der Straße, die hinter dem besterschlossenen Strand Myanmars entlangführt. Über Jahre war Ngapali Beach der Geheimtipp unter Myanmar-Kennern, die sich um die Diktatur der Generäle nicht scherten oder ihr Gewissen mit der Unterstützung von Hilfsprojekten beruhigten. Nun, wo die Generäle Myanmars ihre Uniformen abgelegt haben, soll der Strand Massen von Touristen anziehen.

Sie alle werden über die Mya Pyin Main Road kommen, die vom Flugplatz Thandwe bis ins nahe Fischerdorf führt. Immer entlang der Küste verläuft die holprige Piste, gut zehn Kilometer lang. Übersät von Schlaglöchern, Pfützen, Wellen im Teer, weil Wurzeln ihn anheben, er in der Mittagshitze schmilzt. Die Straße ist die Lebensader des Strandes. Links und rechts zeigt sich das Myanmar dieser Tage wie durch ein Brennglas. »Unsere Straße erzählt alles, was in Myanmar passiert, auf ihren wenigen Kilometern«, sagt Ole Rehländer. Der Deutsche kam 2009 als Hotelmanager nach Myanmar. Damals trug er Verantwortung für den Aufbau des Hotels Amara Ocean. Das Holz für dessen Fünf-Sterne-Bungalows mit Blick auf den Sonnenuntergang stammt aus Myanmar, die Ökofarben für seine Lasur wurden aus Deutschland eingeflogen. Von dort stammt auch das Geld der Investoren. In Dubai hat Rehländer Barkeeper Than Yu überredet, in sein Heimatland zurückzukehren. »Vor drei Jahren hätten wir ihm nur dreihundert Dollar im Monat zahlen müssen. Heute sind es schon fast tausend«, sagt sein Chef. Und der neunundzwanzigjährige Than Yu bemerkt, dass er zwar in Dubai tausendsiebenhundert Dollar bekommen habe. »Hier in Myanmar aber ist auch alles viel billiger. Und es ist mein Heimatland.«

Das Leid und die Hoffnung, die Gewinner und Verlierer, die Ausbeuter und ihre Opfer – sie alle leben hier, entlang dieser Straße. Zu den Gewinnern könnte auch Ko Tin Soe zählen. Von seinem Vater hat er im Provinzstädtchen Thandwe die vierzig Jahre alte Weberei übernommen. »Wir würden unsere Produktion gerne um fünfzig Prozent ausweiten«, erzählt der Dreiundzwanzigjährige. »Aber wir finden nicht genug Arbeiterinnen, die die alten Muster noch beherrschen.« Vielleicht liegt der Mangel auch daran, dass sich in den nahen Luxushotels am Strand leichter Geld verdienen lässt. Tausend Kyat, gut siebzig Eurocent, bekommt Ma Thida Khaing, wenn sie über eineinhalb Tage einen *Longyi* webt. So gleichmäßig wie die Wellen des nahen Meeres den Strand hochlaufen, treten ihre Füße die Pedale aus Bambusrohr, das Schiffchen mit dem Garn schießt sie mit Wucht auf die andere Seite des klapprigen Holzwebstuhls. Die Baumwolle, die Seide, die Farben – bis auf die billige Arbeitskraft kommt alles hier aus China. »In Myanmar haben wir nicht die richtige Qualität«, sagt Soe. Für fünftausend Kyat verkauft er die Stoffe an die Hotels und Souvenirläden entlang der Strandstraße, die sie dann für siebentausend oder achttausend Kyat an die Besucher aus Europa weiterreichen. Besonders die Männer ziehen die langen Röcke sofort über – die Kombination von Poloshirt mit Wickelrock gibt den Touristen jenes verwegene Gefühl, das Urlaub erst zu Urlaub macht.

Longyis bietet auch die neue Boutique des Bayview Hotels an. Das Luxushotel ist eines der ersten Häuser entlang der Strandstraße und gehört deutschen Investoren. Zu Beginn des politischen Umbruchs führte ein junger deutscher Manager das

Haus. »Für uns ist das eine riesige Chance, uns zu bewähren, in eine uns unbekannte Region vorzudringen«, sagt Patrick Peukert. Als er im Bayview anfing, war er gerade sechsundzwanzig Jahre alt, hatte erst drei Jahre zuvor die Hotelfachschule in Luzern abgeschlossen. Und doch spürte er genau, welches Juwel er mit dem Bayview in Händen hielt. Der Abtritt der Militärjunta, die Öffnung des Landes lassen es erst richtig glänzen. »Plötzlich sind wir ausgebucht, können auch andere Preise durchsetzen.«

Schon im Jahr der politischen Öffnung 2011 kamen fünfundzwanzig Prozent mehr Touristen ins Land. Ab 2013 übersprang die Zahl die Millionengrenze. Die *Cronies*, die Geschäftsleute, die den Generälen nahestanden, verlegen sich mehr und mehr von illegalen Geschäften wie dem Schlagen von Holz auf den lukrativen Bau von Straßen, Hotels oder Flughäfen. Aus dem nahen Thailand und Singapur kommen immer mehr Maschinen, und auch die deutsche Fluglinie Condor nahm wieder Flüge nach Rangun auf. 1996 hatte Condor den ersten Versuch gewagt, war dann aber in den Boykott unter der amerikanischen Regierung von Präsident Bush hineingeflogen. Schon heute leben mehr als fünfzigtausend Burmesen vom Tourismus. Und wenn die Preise ein Gradmesser sind, dann gibt es hier nur eine Richtung: nach oben, immer nur nach oben. »Jetzt gibt es hier ganz viele, die ganz schnell reich werden. Allerdings sind das vor allem die Einheimischen. Denn die Ausländer kamen jahrelang nicht zum Zug, und nun sind die Preise schon auf demselben Niveau wie in den thailändischen Ferienorten Koh Samui oder Phuket«, sagt Rehländer.

Aber ob es so weitergeht? Denn die Mafia hat eine neue Geldquelle erschlossen: den Diebstahl von Sand. Sie lässt den Strand im Morgengrauen von einem Heer von Arbeitern plündern, die den Sand in Säcke schaufeln und auf Laster verladen, die ihn dann auf die Baustellen der neuen Hotels oder bis nach Rangun fahren.

Zu den Einheimischen, die reich werden, zählt auch Htwe Htwe: Über die alte Dame im Dorf spricht hier jeder hinter vorgehaltener Hand. Denn sie verkauft Grundstücke gerne drei- bis viermal an unterschiedliche Käufer, bietet dem einen den Grund und Boden, dem anderen die darauf stehenden Kokospalmen an. Von solchen Geschäftspraktiken profitieren auch die Beamten: Für den Stempel in einem Dokument, das einem deutschen Grundbuch noch am nächsten kommt, verlangten sie bis zur Öffnung 2011 noch einen Obolus von zehntausend Kyat und einen *Longyi* aus Baumwolle. Ein Jahr später lag die Bestechungsgebühr schon bei hunderttausend Kyat und zwei Seiden-*Longyis*.

Trotz der Öffnung des Landes wird es nicht einfach, aus dem Strand ein Juwel zu machen. Denn die Strandstraße liegt im burmesischen Bundesland Rakhine. Dort kommt es immer wieder zu Unruhen: Buddhisten und Muslime geraten aneinander, die größte Volksgruppe ging auf die Minderheit der muslimischen Rohingya los. In der Provinzstadt Sittwe, gut dreihundert Kilometer nördlich von

Ngapali, brannten sie 2012 die Häuser der Muslime nieder, prügelten sie zu Tode. Der Staat reagierte langsam, denn er fürchtete, wieder als Diktatur gebrandmarkt zu werden. Viel zu spät griffen Militär und Polizei durch. Mit Kraft wollten die über Nacht in der Demokratie gelandeten Generäle versuchen, jede angeordnete Gewalt zu vermeiden. Prügelnde Soldaten passten da nicht mehr ins Bild. Schließlich aber verhängte die Regierung über den gesamten Staat Rakhine eine Ausgangssperre – Gift auch für die Touristenstraße. Ab sieben Uhr abends bleibt sie gespenstisch leer. Die Menschen aber machten es so, wie sie es in den vergangenen Jahrzehnten immer gemacht haben: Sie tauchten unter der Diktatur durch, bogen sich wie der Bambus im Wind, aber brachen nicht. Statt ihre Straße zu nutzen, gingen sie nach Einbruch der Dunkelheit einfach am Strand entlang. Dort gab es keine Polizei, keine Kontrolle.

Und doch strahlten die Unruhen auf Ngapali ab: Eines der Luxushotels wollte keine Muslime mehr beschäftigen, und auch in den anderen Hotels kündigten sie vorsichtshalber oder wurden hinauskomplimentiert. »Wir wollen einfach nicht mit ihnen zusammenarbeiten, es gibt immer Ärger«, sagt eine buddhistische Kellnerin mit sanfter Stimme. Für die Muslime war das eine Katastrophe, für die Hotelmanager zumindest schwierig, denn die Musliminnen sind oft erfahren und hatten gehobene Stellungen, wie etwa in der Buchführung.

Aber auch ohne Unruhen und Ausgrenzungen ist das ganz normale Hotelleben entlang der Straße eine Herausforderung. Quark oder Joghurt, Käse oder Schinken, Nutella oder Marmelade müssen aus Rangun eingeflogen werden. Der Fisch aber zumindest ist frisch, und die Fischer profitieren vom Verkauf an die Küchenchefs. Damit er frisch bleibt im Eisschrank, müssen die Hotels ihren Strom mit Dieselgeneratoren gewinnen – Myanmars Stromversorgung ist eine Katastrophe.

Wer sich darum nicht scherte, konnte sein Glück machen. Baugrund ist hier der Schlüssel zum Erfolg. Die burmesische Familie eines deutschen Hoteliers, der sein Haus an der Straße betreibt, zahlte 1999 noch fünfunddreißigtausend Dollar für ein großes Strandgrundstück. Heute ist es weit mehr als eine Million Dollar wert. Wer aber kauft, erlebt oft sein blaues Wunder: Verlässliche Grundbücher gibt es nicht, und plötzlich tauchen Vorbesitzer, Mitbesitzer oder Neubesitzer auf, die alle Rechte an dem Grund und Boden reklamieren. Für Fremde kann es teuer werden, in Myanmar Geld machen zu wollen.

Mancher kommt aber auch hierher aus ganz anderen Motiven. Der deutsche Hotelier Oliver Esser Soe Thet beherbergt Jahr für Jahr deutsche Ärzte, die in ihren Ferien burmesische Kinder mit Hasenscharte und Wolfsrachen kostenlos behandeln. Bei Oliver suchten im Sommer 2012 auch Flüchtlinge der Rohingya Zuflucht. Einige von ihnen kamen mit schweren Brandverletzungen. Sie erzählten, wie Soldaten sie in ihre Häuser gezwungen hätten, die sie dann anzündeten. In diesen Wochen geht am Strand die Angst um, bald würden auch im nahen Provinzstädtchen Thandwe Unruhen ausbrechen. Immerhin ist die Mehrheit der Menschen dort muslimisch.

Die am Strand leben, merken wenig von dem großen Rad, das entlang ihrer Straße in Politik und Wirtschaft gedreht wird. Die alte Frau und ihre Enkelin sind schon ab der Dämmerung vor sechs Uhr morgens am Strand – denn die Ebbe setzt ein. Das ist die richtige Zeit, um die winzigen weißen Muscheln aus dem Schlick zu graben. Sie raffen sie in ihre *Longyis*, waschen sie im Meerwasser, tragen sie nach Hause. Stundenlang werden sie später dasitzen, um die Muscheln zu Armbändern und Halsketten auf Schnüre zu ziehen. Zweitausend Kyat, nicht einmal eineinhalb Euro, verlangt die Händlerin von den Gästen aus Europa dafür – die Sammlerinnen bekommen nur zweihundert je Kette.

Auch wenn die Touristen kommen, bleiben die meisten Burmesen entlang der Strandstraße arm. Sie müssen schon den Sprung auf die Seeseite der Straße schaffen, in eines der Hotels. So wie die Rezeptionistin, die sich Sonya nennt. Sie strahlte, wenn sie mit ihren gelb lackierten Fußnägeln am Flughafen stand, um die Gäste abzuholen. Endete ihre Schicht im Luxusresort, musste sie nur die Straße überqueren. Dort steht das Holzhaus der Familie auf Stelzen. Sonyas Vater hat die Mutter verlassen und ist nach Rangun gegangen. Geld schickt er nicht. Also musste Sonya die Mutter und ihre vierzehnjährige Schwester mit ihrem Lohn aus dem gegenüberliegenden Hotel ernähren. Auf dieser Seite der Straße wird mit spitzem Stift gerechnet.

Die Mutter mästet fünf Schweine. »Für jedes bekommen wir dreißigtausend Kyat, wenn sie groß sind«, sagt Sonya. Das ist ein Zehntel dessen, was sie in einem guten Monat auf der gegenüberliegenden Seite verdiente. Am Ende aber war die Arbeit im Hotel für Sonya ein Sprungbrett. Nach ein paar Jahren hatte sie Kontakte nach Europa, wurde in die Schweiz eingeladen. Als sie zurückkehrte, fand sie einen neuen Job. Längst arbeitet sie nun als das burmesische Gesicht einer europäischen Hilfsorganisation, verdient erstmals in ihrem Leben richtiges Geld. Die Straße zu überqueren hat Sonya Glück gebracht. Sie griff mit beiden Händen danach. Und ließ es nicht mehr los.

Einsame Spitze

Seelenloser Größenwahn

Naypyidaw macht einsilbig. Diesen Eindruck muss man gewinnen, wenn man beim Rundgang durch Myanmars neue Hauptstadt den Ausführungen des Führers Sithu Aung folgt. Der junge Mann ist eigentlich sehr redegewandt, aber hier, in der künstlichen Enklave, dreihundert Kilometer von Rangun, der Metropole des Landes, entfernt, ist davon nichts mehr zu spüren. Sithu Aung nuschelt seine Beschreibungen. Wie soll er auch erklären, warum der frühere Diktator Than Shwe einen fast originalgetreuen Nachbau der wunderschönen Shwedagon-Pagode in Rangun hier im Nichts aufstellen ließ? Warum es zwölfspurige Straßen gibt, auf denen kaum ein Auto fährt und an deren Rändern keine Häuser stehen?

Ganz offensichtlich ist Sithu Aung die Hauptstadt Naypyidaw ein wenig peinlich. Wie vielleicht vielen in Myanmar. Man sieht, dass diese Stadt fehl am Platz ist. Dass dieses Naypyidaw eigentlich gar keine Stadt ist. Eher ein Realität gewordener Reißbrettentwurf, der nie eine von Menschen bewohnte und akzeptierte Stadt wird sein können.

Naypyidaw ist seit 2005 Hauptstadt, angeblich liegt die neu geschaffene Kapitale so schön zentral, für jeden erreichbar. Allerdings vermittelt diese

Stadt, deren genaue Einwohnerzahl unbekannt ist, nicht den Eindruck, dass sie erreicht werden möchte.

Vielmehr konnte sich die Regierung hier vom regierten Volk – so gut es geht – abschotten. Das war bisher einer Militärdiktatur gemäß. Zu einer Demokratie passt es nicht. Das sieht auch Ma Piu Piu Sae so, die für die jetzt regierende NLD im Parlament sitzt und auch in der vorherigen Legislatur ein Mandat hatte. Sie weiß also, wovon sie spricht. »Ich fürchte mich jedes Mal geradezu, wenn ich mich zur Sitzungsperiode auf die dreihundert Kilometer lange Strecke machen muss«, erklärt sie offen. Diese Strecke, die Autobahn zwischen Rangun und Mandalay, mit nur wenigen Ausfahrten, von denen eine mit dem Schild Naypyidaw versehen ist, vermittelt einen Vorgeschmack. Zwei-, manchmal dreispurig, ist sie fast so leer wie die Straßen der Hauptstadt selbst. Ma Piu Piu Sae wäre sofort für eine Rückverlegung von Parlament und Ministerien ins weltoffene Rangun. Bisher aber fragt sie noch niemand. »Das Parlament muss für die Menschen erreichbar sein, vielleicht auch mit einer öffentlichen Bibliothek, so sollte es sein«, meint Ma Piu Piu Sae. So ist es wahrlich nicht.

Aber es gibt auch einen Platz der Freude in all der Asphalt gewordenen Leere. Einen Vergnügungspark mit bunt beleuchteten Wasserspielen, vielen Wegen zum Lustwandeln sowie einem Felsen, einem Wasserfall und einem See. Alles künstlich, mit aus Beton gegossenen Stalagmiten als Attraktion. Wie sollte es sonst auch sein in

Naypyidaw. Trotzdem aber ist der Andrang am Abend groß, wer kann, kommt aus den umliegenden Dörfern, um ein wenig vermeintliches Großstadtflair zu erspüren. Junge Männer baden in dem Kunstgewässer, junge Frauen beobachten sie dabei – der Vergnügungspark ist vielleicht der lebendigste Ort in Naypyidaw.

Das staatliche Fernsehen *MRTV*, *Myanmar Radio and Television*, liegt außerhalb Naypyidaws. Und damit nicht näher am Volk als die Hauptstadt. Die Sendezentrale wurde 2005 rund fünfzig Kilometer nördlich von Naypyidaw errichtet. Die Reporter und Moderatoren werden mit hohen Mauern und Panzersperren vor ihren Zuschauern geschützt. »Sicherheitsaspekte haben eine Rolle gespielt bei der Entscheidung, hier draußen das *MRTV*-Zentrum zu bauen«, erklärt U Whin Khy, Direktor des englischsprachigen Kanals *MRTV-3*. Um dann hinzuzufügen: »Ich bin gerne hier bei meinen Leuten, aber ich würde natürlich noch lieber wieder zurück nach Rangun.«

Der Direktor erläutert während einer Führung durch die leidlich gut ausgestatteten Räume des riesigen Komplexes, dass man nun lernen müsse, Geld zu verdienen. »Wie man gutes Programm macht, das wissen wir schließlich«, fügt der große Mann mit der in Myanmar seltenen Glatze hinzu. Dass man früher die Nachrichten und auch die Filmberichte vorgefertigt aus dem Informationsministerium bezog und ein gutes Programm aus Sicht der Zuschauer wahrscheinlich anders aussieht, sagt er nicht. Aber seine Redakteure erzählen freimütig, dass sie im Großraumbüro keinen Internetzugang haben. Mehr müssen sie nicht sagen.

Die Mitarbeiter des Staatssenders *MRTV* leben derzeit kaserniert auf dem Gelände hinter den hohen Mauern. Jeweils für mehrere Wochen, dann können sie kurz zu ihren Familien in Rangun. Yan Naing Cho ist Nachrichtenredakteur bei *MRTV*. »Wir spüren nicht mehr so viel Druck und sind schon sehr entspannt«, schildert er den Übergang vom Verkündungsorgan der Regierung zur vierten Gewalt im demokratischen Staat. »Unsere Chefs ermutigen uns, mehr zu wagen.« Häufig jedoch möchte Yan Naing Cho einfach nur nach Hause nach Rangun. Dort wartet sein kleiner Sohn auf ihn, nachdem seine Frau kürzlich in seinen Armen gestorben ist. Die einsamen Abende in Naypyidaw oder auf dem Gelände des Staatsfernsehens fallen ihm da besonders schwer.

Rangun gehört die Zukunft, Naypyidaw scheint sie nach kurzer Gegenwart bereits hinter sich zu haben. Das sehen auch die Botschaften so. Sie sind der Regierung nicht in die künstliche Stadt gefolgt. Denn Rangun hat Substanz. Heruntergekommene, aber noch erhaltenswerte Kolonialgebäude in der Innenstadt vermitteln einen Eindruck davon, was aus der Metropole bald werden könnte. Wenn die Investoren mit den Prachtgebäuden an der Strand Road, dem Strand Hotel, der Port Authority, der Hafenbehörde also, oder dem nahe gelegenen Telegrafenamt verantwortungsvoll umgehen. Die Angst vor der Abrissbirne ist groß in Rangun, kluge Köpfe warnen, dass man Rangun nicht zu einer gesichtslosen asiatischen Großstadt machen dürfe.

Moh Moh ist Immobilienmaklerin in Rangun. Ihr Büro liegt in der Altstadt, in einer der zahlreichen kleinen Seitenstraßen, die ihre Schönheit erst auf den zweiten Blick offenbaren. »Die Preise für Immobilen steigen rasant. Und das wird auch so weitergehen«, sagt die resolute Endfünfzigerin. Letztlich wird der Markt entscheiden. Wenn sich mit der Instandsetzung und dem Weiterverkauf der alten Gebäude Geld verdienen lässt, dann hat Rangun eine Chance. Und wenn Rangun an Attraktivität gewinnt, dann werden sich die gespenstisch leeren Straßen Naypyidaws auch in den kommenden Jahren nicht füllen.

Weniger Schmerzen

Die Heilung am Fluss

Pan Di Ta hat nur einen Wunsch: Er will wieder besser hören können. Ihn zu erfüllen aber helfen dem dreiundachtzigjährigen Mönch aus Kaw Hmuu weder Gebet noch Meditation. Also setzt er sich in einen Nachen und lässt sich den Irrawaddy heraufschippern. Denn flussaufwärts, im Dorf Ta Man We, geschehen in diesen Tagen Wunder: Ein großes weißes Schiff hat am Pier festgemacht, und wer es besucht, ist sein Zahnweh los. Dort werden Wunden geheilt und das Fieber fällt. Warum also, so fragt sich Pan Di Ta, sollte er auf dem Schiff nicht auch sein Gehör zurückbekommen?

Vorne am Bug des weißen Stahlriesens prangt der Name »Polli«. Viel größer aber sind die roten Lettern in der Mitte des Rumpfes: »Swimming Doctors 2« steht dort, die schwimmenden Ärzte. Sie kommen aus der fernen Stadt, aus Rangun und fahren für drei Wochen tief hinein ins Delta des Irrawaddy, dorthin, wohin kein Arzt seinen Weg findet und Pillen Mangelware sind. »Natürlich können wir keine Wunder bewirken und auch kein Gehör wieder herbeizaubern«, sagt Saw Linn Htet. Der siebenundzwanzigjährige Arzt ist noch unerfahren. Seine Vorgänger auf der »Polli« haben auch schon Babys per Kaiserschnitt geholt oder einen Blinddarm herausoperiert, Saw Linn Htet kümmert sich aber zunächst um Blutdruck und das Verschreiben von Medikamenten. Tausend Kyat, umgerechnet gut siebzig Eurocent, muss hier jeder Patient für die Behandlung auf der »Polli« zahlen. So soll verhindert werden, dass die Menschen aus reiner Neugierde auf das fremde Schiff strömen. »Wer kein Geld hat, wird aber kostenlos behandelt. Wir glauben den Patienten, wenn sie sagen, sie hätten nichts«, sagt Mai Josephine Mya, die als Krankenschwester von Anfang an dabei ist. An diesem Tag musste Doktor Saw Linn Htet noch nicht tief in die ärztliche Trickkiste greifen. »Die meisten haben extremen Bluthochdruck«, stellt der Arzt fest. Das liege daran, dass sie den Fisch aus dem Fluss mit Salz konservieren. »Wir müssen die Menschen auf Dauer besser aufklären.«

Sein Kollege Si Thu ist der Zahnarzt an Bord. Er trägt ein Tattoo auf dem linken Oberarm, die Haare hochgebürstet, und er fackelt nicht lang. Wenn ein Zahn auf den ersten Blick irreparabel wirkt, kommt er raus. Die Spritze setzt Si Thu so gut, dass die Patienten nicht mal mit den Augenlidern flattern. Dann kommt die metallene Zange, und bald ist das Problem gelöst. »Normalerweise beißen die Menschen hier auf Gewürznelken, wenn sie Zahnschmerzen haben«, sagt er. Auch Si Thu drängt darauf, die Leute in den entlegenen Dörfern besser auszubilden. »Das Kauen der Betelnüsse macht die Zähne kaputt. Und viele verwenden immer noch keine Zahnbürste, sondern nur Salz und die Finger.« Der Achtundzwanzigjährige macht keinen Hehl daraus, warum er auf dem Schiff ist. »Ich habe im vergangenen Jahr geheiratet, die Hochzeit hat fünftausend Dollar gekostet. Die will ich wieder hereinholen«, erklärt er. Auf Dauer wolle er sich dann in der Metropole Rangun mit einer Praxis niederlassen. Ist das heute, nach dem Wechsel der Regierung, einfacher geworden? »Für uns ist der Wechselkurs wichtiger als die Politik«, sagt Si Thu und lacht. »Wir müssen schließlich die gesamte Ausstattung unserer Praxis im Ausland einkaufen.«

Gesundheit kostet auch in Myanmar viel Geld. Aufgrund der Geografie des Landes sind die langen Wege und die Abgeschiedenheit der Dörfer hoch oben im Norden und eben im Mündungsdelta ein mindestens genauso großes Problem. Nach dem Zyklon Nargis 2008, der im Delta Tausende Tote forderte, kamen Deutsche auf die Idee, Ärzte zu den Menschen zu bringen, wenn die nicht zu den Ärzten kommen können. Den Anstoß gab Jürgen Gessner, der in Deutschland die Stiftung Life aufgebaut hat. Begüterte Freunde, vom Textilunternehmer über den Reeder bis zum Filmemacher, griffen den Einfall auf. Sie kauften für vierzigtausend Dollar in Rangun einen ausgemusterten, hölzernen Reisfrachter und ließen ihn zum Medizinschiff umbauen. »Am Anfang rechnet man sich das noch schön. Am Ende hat uns das aber zweihundertfünfzigtausend Dollar gekostet. Daraus haben wir gelernt und die Effektivität verbessert«, sagt Gessner, der viele Jahre als Unternehmer gearbeitet hat. Und so wurde die »Polli« auf Kiel gelegt. Für dreihundertfünfzigtausend Dollar entstand ein Stahlschiff mit geringem Tiefgang, mit Behandlungsräumen, in denen die Ärzte auch schlafen, mit einem Operationsraum, einem Labor. Acht Besatzungsmitglieder und acht Mediziner und Krankenschwestern fahren mit ihm jeweils drei Wochen tief in die verästelten Mündungsflüsse des Irrawaddy, zu abgelegenen Dörfern. Immer wieder unterstützen sie deutsche Ärzte, die Urlaub nehmen, um ein paar Wochen auf dem Schiff mitzufahren und zu helfen. »So kommt es, dass manche Babys im Delta aus Dankbarkeit heute Patrick heißen – wir hatten mal einen Mediziner aus Kiel an Bord, der so hieß«, erzählt Gessner. Die Mannschaft aus Medizinern und Matrosen ist fest angestellt, die Jobs sind beliebt und gut bezahlt. »Wir wussten etwa aus unserer Arbeit in Äthiopien, dass es viel einfacher ist, ein Krankenhaus zu bauen, als eines zu betreiben«, erzählt Gessner. »Also mussten wir uns etwas einfallen lassen – denn während der Nargis-Katastrophe zeigte sich, dass viele Menschen im Delta noch nie einen Arzt gesehen hatten.« Er weiß zu rechnen. »Derzeit kommen wir auf laufende Kosten von rund hunderttausend Dollar im Jahr. Damit erreichen wir etwa zehntausend Patienten«, sagt er. »Letztlich war unsere Mission erfüllt, als wir im ersten Jahr ein Menschenleben gerettet haben.« Längst ist Schiff Nummer drei auf der Werft in Arbeit. »Nach Pfingsten wollen wir es taufen«, sagt Gessner. Das Geld stammt von einem Unternehmer, der die anderen beiden Schiffe in Myanmar nie zuvor gesehen hat. »Er glaubte einfach an die Idee«, sagt Gessner. »Es gibt solche Menschen.« Myanmar ist traditionell eines der Lieblingsländer

der Geber – die Menschen sind warmherzig, die Kultur ist fesselnd. Ohne geordnete Bahnen aber würde das Geld im Land einfach versickern – denn Hilfe ist auch nach der politischen Öffnung noch auf Jahre hinaus überall notwendig. Gessner denkt derzeit über einen geländegängigen Ärztebus für den bergigen Norden des Landes nach.

Ohne Spender aus dem fernen Deutschland wären die Ärzte nicht hier. Allerdings auch nicht ohne Hlaing Myint. Der Siebenundsechzigjährige führt ein Leben auf dem Irrawaddy. »1971 habe ich angefangen, den Fluss zu befahren. Verwandte hatten ein kleines Boot. Da habe ich für ein paar Kyat am Tag gearbeitet«, erzählt der Kapitän der »Polli«. Die von seinem blauen *Longyi* bedeckten Beine faltet er auf dem Schemel vor dem kleinen Steuerrad auf der Brücke in den Schneidersitz. Karten braucht er nicht, er kennt den Fluss, der hier weit verästelt ist. Vor Hlaing Myint steht eine Plastikflasche mit von Mönchen geweihtem Wasser. »Jeden Morgen, bevor wir losfahren, opfere ich den Fluss-*Nats*, den Göttern des Flusses, Bananen und Klebreis«, sagt er. Das Schlimmste sei Nebel, der in Minutenschnelle hereinbrechen könne. »Aber unser Schiff hier ist das beste, auf dem ich je gearbeitet habe«, meint er dann. »Jeder kennt mich hier als den Kapitän, der die Ärzte bringt.« Dann zeigt Hlaing Myint noch stolz die vergilbten Urkunden mit seinem Kapitänspatent und den Namen der Schiffe, die er schon gesteuert hat. »Das von der ›Polli‹ ist das wichtigste«, sagt Hlaing Myint. »Hier werde ich bleiben, bis ich sterbe.«

Dank

Unser Dank gilt unseren Redaktionen: In Jahren, in denen andere Medien ihre Auslandskorrespondenten aus Kostengründen reihenweise heimholen, leisten sich die *Frankfurter Allgemeine Zeitung* und die *ARD* weiterhin ein großes eigenes Netz an Auslandsberichterstattern. Aus unserer Sicht ist dies in Zeiten der Globalisierung notwendiger denn je. Wir bekamen dadurch die Chance, immer wieder Wochen in Myanmar zuzubringen und den Wandel mit eigenen Augen zu verfolgen und zu beschreiben.